Descobrir Jogos Online Grátis

Disponível Aqui:

BestActivityBooks.com/FREEGAMES

5 DICAS PARA COMEÇAR

1) CÓMO RESOLVER LAS SOPA DE LETRAS

Os puzzles têm um formato clássico:

- As palavras estão escondidas sem espaços ou hífenes,...
- Orientação: As palavras podem ser escritas para a frente, para trás, para cima, para baixo ou na diagonal (podem ser invertidas).
- As palavras podem sobrepor-se ou intersectar-se.

2) APRENDIZAGEM ACTIVA

Ao lado de cada palavra há um espaço para anotar a tradução. Para encorajar a aprendizagem activa, um **DICIONÁRIO** no final desta edição permitir-lhe-á verificar e expandir os seus conhecimentos. Procure e anote as traduções, encontre-as no puzzle e adicione-as ao seu vocabulário!

3) MARCAR AS PALAVRAS

Pode inventar o seu próprio sistema de marcação - talvez já use um? Pode também, por exemplo, marcar palavras difíceis de encontrar com uma cruz, palavras favoritas com uma estrela, palavras novas com um triângulo, palavras raras com um diamante, e assim por diante.

4) ESTRUTURANDO A APRENDIZAGEM

Esta edição oferece um **CADERNO DE NOTAS** prático no final do livro. Nas férias, em viagem ou em casa, pode facilmente organizar os seus novos conhecimentos sem a necessidade de um segundo caderno!

5) JÁ TERMINOU TODAS AS GRELHAS?

Nas últimas páginas deste livro, na secção **DESAFIO FINAL**, encontrará um jogo gratuito!

Rápido e fácil! Consulte a nossa colecção de livros de actividades para o seu próximo momento de diversão e **aprendizagem**, a apenas um clique de distância!

Encontre o seu próximo desafio em:

BestActivityBooks.com/MeuProximoLivro

Aos vossos lugares, preparem-se...Vão!

Sabia que existem cerca de 7.000 línguas diferentes no mundo? As palavras são preciosas.

Adoramos línguas e temos trabalhado arduamente para criar livros da mais alta qualidade para si. Os nossos ingredientes?

Uma selecção de tópicos adequados à aprendizagem, três boas porções de entretenimento, e depois acrescentamos uma colherada de palavras difíceis e uma pitada de palavras raras. Servimo-los com amor e máximo divertimento, para que possa resolver os melhores jogos de palavras e se divirta a aprender!

A sua opinião é essencial. Pode participar activamente no sucesso deste livro, deixando-nos um comentário. Gostaríamos de saber o que mais lhe agradou nesta edição.

Aqui está um link rápido para a sua página de encomendas:

BestBooksActivity.com/Avaliacoes50

Obrigado pela vossa ajuda e divirtam-se!

A Equipa Inteira

1 - Dirigindo

```
M  L  M  N  D  Ł  S  Ż  A  R  A  G  K  C  Q  R
T  O  Y  Q  P  I  I  L  I  C  E  N  C  J  A  M
O  R  T  Z  C  X  L  V  D  T  I  S  O  H  P  O
U  N  A  O  L  X  N  L  U  Z  U  L  Q  A  A  W
A  K  J  N  C  E  I  V  J  O  X  D  U  M  M  H
Q  C  C  G  S  Y  K  E  D  A  P  Y  W  U  X  M
O  W  I  L  A  P  K  K  Q  D  Q  Z  B  L  V  S
G  W  L  I  G  V  O  L  O  X  I  S  S  C  B  A
H  T  O  A  O  R  P  R  O  V  B  E  C  E  Z  M
B  I  P  S  R  U  M  U  T  O  O  I  F  T  K  O
R  U  C  H  D  R  O  G  O  W  Y  P  B  L  A  C
D  U  B  E  Z  P  I  E  C  Z  E  N  I  E  G  H
C  I  Ę  Ż  A  R  Ó  W  K  A  X  L  G  N  A  Ó
L  O  S  T  R  O  Ż  N  O  Ś  Ć  E  B  U  Z  D
Q  Ł  M  K  V  O  E  X  R  A  E  Ł  C  T  F  D
Q  J  J  B  N  D  Y  O  X  M  Z  G  A  S  L  H
```

WYPADEK
CIĘŻARÓWKA
SAMOCHÓD
PALIWO
OSTROŻNOŚĆ
DROGA
HAMULCE
GARAŻ
GAZ
LICENCJA

MAPA
MOTOCYKL
SILNIK
PIESZY
POLICJA
ULICA
UBEZPIECZENIE
TRANSPORT
RUCH DROGOWY
TUNEL

2 - Antiguidades

```
S  C  G  I  W  O  S  T  S  X  G  N  G  P  S  S
A  T  S  A  J  Z  U  T  N  E  A  N  E  C  T  Z
J  J  U  D  E  K  A  D  Y  S  L  B  G  Q  A  T
C  C  O  L  E  Z  I  T  Y  L  E  D  Ź  H  R  U
K  I  P  J  E  G  Q  S  T  H  R  K  M  E  Y  K
U  P  G  L  O  C  C  M  Z  H  I  U  Q  A  Z  A
A  G  Ł  P  M  Ł  I  U  Q  I  A  J  U  J  T  R
G  Y  Ł  K  Y  W  Z  E  I  N  J  A  K  O  Ś  Ć
G  T  E  L  E  G  A  N  C  K  I  Ł  Y  C  E  J
M  E  P  O  Z  Y  C  J  A  W  A  R  T  O  Ś  Ć
E  N  F  Z  N  I  I  N  W  E  S  T  Y  C  J  A
B  O  A  U  T  E  N  T  Y  C  Z  N  Y  C  D  Z
L  M  S  I  D  E  K  O  R  A  C  Y  J  N  Y  S
E  Y  S  T  J  G  A  W  T  O  P  I  B  F  Y  B
G  T  R  J  Y  B  H  K  Y  R  G  J  Z  Z  N  I
X  E  I  Y  E  L  M  O  J  M  G  F  F  Q  O  P
```

SZTUKA

AUTENTYCZNY

DEKORACYJNY

DEKADY

ELEGANCKI

ENTUZJASTA

RZEŹBA

STYL

GALERIA

NIEZWYKŁY

INWESTYCJA

POZYCJA

AUKCJA

MEBLE

MONETY

CENA

JAKOŚĆ

STULECIE

WARTOŚĆ

STARY

3 - Churrascos

```
Ł  O  Y  Q  Y  W  N  H  S  A  P  P  N  P  R  A
A  Q  M  G  S  Ł  U  H  X  R  O  H  W  K  A  Y
S  T  N  H  V  N  E  O  I  G  M  L  O  X  K  N
G  R  Y  I  S  S  J  U  P  Q  I  C  E  I  Z  D
Z  J  V  O  M  C  S  B  M  J  D  Ó  Ł  G  R  A
K  A  Z  C  R  U  K  A  V  Q  O  Y  Q  R  P  I
G  H  P  D  W  R  Q  U  Ł  T  R  K  V  W  E  B
S  R  M  R  Q  F  C  B  P  A  Y  N  I  A  I  O
Ó  G  I  E  O  N  O  Ż  E  N  T  Y  A  R  P  B
L  N  R  L  T  S  O  W  O  C  B  K  N  Z  T  Q
L  C  O  S  L  O  Z  L  A  T  O  Z  I  Y  U  P
I  X  D  X  V  S  F  E  T  Q  T  M  Z  W  R  D
D  X  W  Q  G  K  W  J  N  I  U  I  D  A  X  Ł
A  B  G  O  R  Ą  C  Y  I  I  G  I  O  K  H  B
C  E  B  U  L  E  O  E  K  Z  E  C  R  M  P  I
M  U  Z  Y  K  A  H  W  A  Z  B  T  X  S  T  F
```

CEBULE
ZAPROSZENIE
DZIECI
NOŻE
RODZINA
GŁÓD
KURCZAK
OWOC
GRILL
OBIAD

GRY
WARZYWA
SOS
MUZYKA
PIEPRZ
GORĄCY
SÓL
SAŁATKI
POMIDORY
LATO

4 - Geologia

```
P K W A R C W P T Ł Y Ł S A W K
S Ł C E Ł J A T O R G S T W L S
K T A F K T P P Ł M K S A U A T
A X J S Z A Ń T Z Z O O L L W A
M T Z W K U M R R Z N F A K A L
I P O W I O M I D C T H K A F A
E A R O Z C W H E G Y N T N E G
N M E T F S Z Y G Ń N B Y U R M
I B Z U E K R Ł Ż D E C T P T I
A X F A Z Ł X A U L N P Y W S T
Ł T G W V A O T S Z T N Z K Q Y
O V C T I W X Z D W W Ł O I L J
Ś I W Y P S I S W A R S T W A E
Ć P J T Ł Ó M Y M I N E R A Ł Y
F O I B X L A R O K C U O O V C
V E C X C D B K S U C E M H J G
```

KWAS	STALAGMITY
WARSTWA	SKAMIENIAŁOŚĆ
GROTA	LAWA
WAPŃ	MINERAŁY
CYKLE	KAMIEŃ
KONTYNENT	PŁASKOWYŻ
KORAL	KWARC
KRYSZTAŁY	SÓL
EROZJA	WULKAN
STALAKTYT	STREFA

5 - Ética

```
W F I L O Z O F I A H W V R A H
L S A J M R H N R O Z S Ą D N Y
U W P W A R T O Ś C I Ł M Z D A
D U H Ó Z T X W Z L K R D R I L
Z Ł O B Ł X H N B K S C F V U T
K K S D A C A R P Ł Ó P S W V R
O L A M G M Z I M Y T P O U Q U
Ś B Ł F D X E U R E A L I Z M I
Ć Ć Ś O W I L Z C Y Ż H O I G Z
Ż Y C Z L I W Y K I O M R R O M
T O L E R A N C J A E B M Ł D K
D Y P L O M A T Y C Z N Y Y N L
R A C J O N A L N O Ś Ć O L O T
U C Z C I W O Ś Ć Ł E G L E Ś K
Q Ł W M E D U M Ą D R O Ś Ć Ć X
N C I E R P L I W O Ś Ć H V U L
```

ALTRUIZM
ŻYCZLIWY
ŻYCZLIWOŚĆ
WSPÓŁCZUCIE
WSPÓŁPRACA
GODNOŚĆ
DYPLOMATYCZNY
FILOZOFIA
LUDZKOŚĆ

UCZCIWOŚĆ
OPTYMIZM
CIERPLIWOŚĆ
RACJONALNOŚĆ
ROZSĄDNY
REALIZM
MĄDROŚĆ
TOLERANCJA
WARTOŚCI

6 - Tempo

```
K O R U Y M T Y J A K Q Ł Y J V
A L S T U L E C I E P C V Ł Z F
L W P V G Q X F W T Z M J K I R
E U L Y B R H J V E Ń Y G W B G
N T M I N U T A M I E S I Ą C Z
D E Z R P D C I P N I D Ł S I E
A D O R K Y X S R D Z E Z B U G
R D E G B F H I Z U D N H I R A
Z Q W K Y K O Z Y Ł Y Z G C E R
D Y U R A H Ł D S O T C M G N Ń
W I Q F U D Z R Z P L O O N A R
Z O V X C K A N Ł F Y R M N F Ł
W C Z O R A J S O X E Ł E J I T
G O D Z I N A N Ś J R Ł N A R O
H F T Q V D C E Ć G T Z T K C V
Y P Q F X V Q O O T E R A Z Q D
```

TERAZ	RANO
ROK	POŁUDNIE
PRZED	MIESIĄC
ROCZNE	MINUTA
KALENDARZ	MOMENT
DEKADA	NOC
DZIEŃ	WCZORAJ
PRZYSZŁOŚĆ	ZEGAR
DZISIAJ	TYDZIEŃ
GODZINA	STULECIE

7 - Astronomia

```
S  E  S  P  A  A  G  H  R  Q  L  G  W  M  C  K
S  H  Ł  L  S  S  A  U  A  X  T  A  R  E  B  O
M  N  O  A  T  T  L  A  K  D  K  J  K  T  C  N
S  I  N  N  R  R  A  S  I  P  S  C  O  E  U  S
R  E  E  E  O  O  K  T  E  M  C  A  X  O  Ł  T
W  B  C  T  N  N  T  E  T  Z  E  T  W  R  K  E
B  O  Z  A  A  O  Y  R  A  A  I  I  N  N  O  L
I  O  N  Z  U  M  K  O  W  Ć  M  W  Z  U  S  A
D  N  Y  S  T  W  A  I  O  M  S  A  A  V  M  C
Ł  V  N  Ł  A  Y  K  D  N  I  Ł  R  C  T  O  J
K  S  I  Ę  Ż  Y  C  A  R  E  N  G  I  A  S  A
R  Ó  W  N  O  N  O  C  E  N  U  C  W  Ł  Y  V
B  E  Q  A  D  F  M  K  P  I  T  A  A  V  Q  R
G  E  J  Q  Y  H  M  R  U  E  B  V  Ł  X  E  S
C  V  I  E  U  Q  B  U  S  K  Q  W  G  R  S  A
O  B  S  E  R  W  A  T  O  R  I  U  M  H  W  T
```

ASTEROIDA
ASTRONAUTA
ASTRONOM
NIEBO
KONSTELACJA
KOSMOS
ZAĆMIENIE
RÓWNONOC
RAKIETA
GALAKTYKA

GRAWITACJA
KSIĘŻYC
METEOR
MGŁAWICA
OBSERWATORIUM
PLANETA
SŁONECZNY
SUPERNOWA
ZIEMIA

8 - Acampamento

```
P O X K L L K A J A K Ł D O P K
K O G I A I A A Z P X J R N R A
S E L I S Q M N P J O C Z J Z B
I Q H O E G A I J E A S E C Y I
Ę A S O W Ń H L V E L V W K G N
Ż G Ó R A A Ł A Q O J U A B O A
Y M T O S F N W B G R T S K D Z
C T O I M A N I U X N X W Z A U
E I Ł Z W Y A C E M A P A A B G
T Y I E K O M P A S N A T U R A
P T D J S I O E V H Ł Y Z Q F R
L P B M R M R L Y I B C Z Y X N
F F C S P R Z Ę T Ą Z R E I W Z
J P U M Ł Y O U S Q C S H K V X
O W A D K U N Ł B J P K G M H K
O F Q F N M X I P D S Y N T V O
```

ZWIERZĄT

PRZYGODA

DRZEWA

KOMPAS

KABINA

POLOWANIE

KAJAK

KAPELUSZ

LINA

SPRZĘT

LAS

OGIEŃ

OWAD

JEZIORO

KSIĘŻYC

HAMAK

MAPA

GÓRA

NATURA

NAMIOT

9 - Ficção Científica

```
K  K  Q  F  G  Ł  L  P  D  C  U  Y  J  P  Y  Ł
S  F  H  L  A  A  I  P  O  T  S  Y  D  L  J  S
I  Y  A  J  I  N  L  E  E  J  H  T  Z  A  W  I
Ą  N  T  D  G  Y  T  A  I  W  Ś  O  K  N  Y  N
Ż  A  O  V  O  N  J  A  K  F  R  B  Ł  E  R  I
K  W  M  J  L  Z  N  Ł  S  T  E  O  B  T  O  Ł
I  O  O  D  O  C  C  Y  T  Y  R  O  A  C  T
T  N  W  P  N  Y  A  J  Q  N  Y  K  Z  K  Z  A
R  I  Y  L  H  T  N  C  F  Z  L  C  A  A  N  J
H  G  R  Q  C  S  K  R  A  J  N  Y  Z  J  I  E
K  A  C  Z  E  I  V  U  T  O  P  I  A  N  A  M
R  M  Z  R  T  L  F  Y  K  F  O  M  A  H  Y  N
K  I  N  O  C  A  S  Ł  E  Z  T  G  H  N  W  I
Q  Y  T  U  K  E  W  Y  B  U  C  H  I  O  C  C
Z  W  N  X  T  R  F  X  I  E  Ł  E  J  E  B  Z
N  T  L  E  J  M  Z  I  L  U  Z  J  A  S  Ń  Y
```

ATOMOWY
KINO
DYSTOPIA
WYBUCH
SKRAJNY
FANTASTYCZNY
OGIEŃ
GALAKTYKA
ILUZJA
WYIMAGINOWANY

KSIĄŻKI
TAJEMNICZY
ŚWIAT
WYROCZNIA
PLANETA
REALISTYCZNY
ROBOTY
TECHNOLOGIA
UTOPIA

10 - Mitologia

```
K  M  E  G  G  H  S  T  W  O  R  Z  E  N  I  E
O  A  A  D  N  E  G  E  L  M  W  Q  W  Q  L  D
M  J  T  G  G  X  P  W  F  B  O  H  A  T  E  R
P  C  O  A  I  N  E  Z  R  E  I  W  D  L  E  J
V  A  M  F  S  C  V  Ć  Ś  O  R  D  Z  A  Z  Ś
O  E  Z  V  B  T  Z  U  B  W  A  L  N  B  P  M
K  R  R  W  M  G  R  N  U  R  O  I  P  I  V  I
Z  K  G  D  W  S  X  O  Y  L  U  I  A  R  G  E
P  Ł  F  B  X  M  G  G  F  T  H  V  P  Y  Q  R
Ł  O  X  N  I  F  Ł  Z  W  A  H  N  M  N  P  T
X  K  T  N  M  Q  U  C  J  R  S  O  R  T  H  E
P  N  F  W  V  F  D  T  G  U  S  Ł  J  B  K  L
J  E  T  Z  Ó  B  O  H  A  T  E  R  K  A  S  N
C  Y  X  G  O  R  V  I  L  L  Z  B  D  C  I  Y
A  R  C  H  E  T  Y  P  S  U  E  Q  M  G  Ł  W
W  O  J  O  W  N  I  K  T  K  K  I  H  H  A  T
```

ARCHETYP	BOHATERKA
ZAZDROŚĆ	BOHATER
WIERZENIA	LABIRYNT
KREACJA	LEGENDA
STWORZENIE	MAGICZNY
KULTURA	POTWÓR
KATASTROFA	ŚMIERTELNY
SIŁA	PIORUN
WOJOWNIK	GRZMOT

11 - Medições

```
B G F F M A R G N T N D B T P Ł
P E P F A T U N I M W Ł J A F O
U Z A E S S G U K E S U O W J N
R O C D A I O Ł L R D G R Ł O T
U R L U Ć Ś O T Ę J B O F W K D
S Z E R O K O Ś Ć B R Ś O J I Z
Q M E T R G M J I Ń O Ć R J D I
V A V Ł W Ł F P U E E K Y K N E
W R L Q F T Z R L I T R O Ć S S
A G C X X I V Y L P T S B Ś M I
G O I V A C Ł O S O C Q Z O Ć Ę
A L Q P J X U J X T A T Q K D T
T I U A F S V N M S L I D O Q N
L K V N V N J D C V T K A S Y Y
K I L O M E T R B J R D Ł Y G W
C E N T Y M E T R I A Z D W N D
```

WYSOKOŚĆ	METR
BAJT	MINUTA
CENTYMETR	UNCJA
DŁUGOŚĆ	WAGA
DZIESIĘTNY	CAL
GRAM	GŁĘBOKOŚĆ
STOPIEŃ	KILOGRAM
SZEROKOŚĆ	KILOMETR
LITR	TONA
MASA	OBJĘTOŚĆ

12 - Álgebra

```
X  M  E  W  Y  Z  S  Ł  A  F  J  Y  K  A  P  F
Y  A  Z  N  Y  S  U  M  A  R  G  J  J  Y  R  O
C  T  J  X  W  K  E  E  O  A  K  R  E  N  O  R
O  R  E  Z  O  V  Ł  M  T  H  T  X  H  O  B  M
U  Y  M  H  I  Z  C  A  N  N  E  I  M  Z  L  U
P  C  J  R  N  H  K  R  D  K  O  O  A  C  E  Ł
R  A  M  B  I  K  D  G  N  N  G  G  N  Ń  M  A
O  Ć  Ś  O  L  I  G  A  U  U  I  K  L  O  P  J
Ś  T  N  M  T  J  Z  I  C  R  M  K  B  K  O  C
C  F  B  P  E  D  V  D  I  W  D  E  I  S  V  K
I  V  E  I  N  A  Z  Ą  I  W  Z  O  R  E  X  A
Ć  O  D  E  J  M  O  W  A  N  I  E  H  I  Z  R
R  Ó  W  N  A  N  I  E  V  Ł  K  E  G  N  D  F
N  A  W  I  A  S  I  T  C  Z  Y  N  N  I  K  T
Q  T  A  L  P  O  U  U  M  I  Q  S  T  I  G  O
M  A  O  I  G  T  K  S  R  Q  J  Ł  Ł  N  N  U
```

DIAGRAM	NUMER
RÓWNANIE	NAWIAS
WYKŁADNIK	PROBLEM
FAŁSZYWE	ILOŚĆ
CZYNNIK	UPROŚCIĆ
FORMUŁA	ROZWIĄZANIE
FRAKCJA	SUMA
NIESKOŃCZONY	ODEJMOWANIE
LINIOWY	ZMIENNA
MATRYCA	ZERO

13 - Plantas

```
L N K J K S E G F C K W T M G B
I R P A F A S O L A S R H G P O
Ś P M G B L U S Z C Z N Z T T T
C Ć A O T X R U Ó M E C H A Z A
I Ś S D P D Q T W B J G Z I K N
L O S A Ź Ł I K A S S R I W E I
Q N Y A R L U A N G Z D Y K T K
H N L E Ó M D K I Y E R F P A A
F I O Z D W B W S I E Z E N Ł K
K L F F Ł Y C N X H E E O I P E
E Ś O I O R C I Z T A W Q H O Ł
K O Ł R G G Ł D S A R O P I F E
G R O E A O G R Ó D R A Y R J U
R G I Ł Ł B B A M B U S W K T A
Z D Z K N K R Z Y R N D Z A X N
L F V C V W L X M C N A N H V A
```

KRZAK	FLORA
DRZEWO	LAS
JAGODA	LIŚCI
BAMBUS	TRAWA
BOTANIKA	BLUSZCZ
KAKTUS	OGRÓD
ZIOŁO	MECH
FASOLA	PŁATEK
NAWÓZ	ŹRÓDŁO
KWIAT	ROŚLINNOŚĆ

14 - Veículos

```
T B K M A W R V R K H X O H S C
O R T E M Ł A S A I U Y P Z A V
L E A S V Ó K Z F N K E O A M S
O W K T P D I A Ł G V S N V O K
M O W I W Ź E Y Q Ą H W Y A C U
A R Ó N O A T Y F I I J A M H T
S D R Q Ł O A H Y C N D S J Ó E
N H A F K Ł T A U T O B U S D R
A Q Ż O I A X W V F F I T U I R
L F Ę B N Q R Ł X V L X A C X J
U L I Q L U I A A Z V F W W M M
B J C P I C E I W O Ł G I M Ś J
M O R Q S K M Ł N A F R A O P Q
A T A X I F T L G M N K I R G I
I U V R H O S Ł K C O A C P I Q
Ł Ó D Ź P O D W O D N A M L Ł S
```

AMBULANS
SAMOLOT
PROM
ŁÓDŹ
ROWER
CIĘŻARÓWKA
KARAWANA
SAMOCHÓD
RAKIETA
VAN

ŚMIGŁOWIEC
TRATWA
SKUTER
METRO
SILNIK
AUTOBUS
OPONY
ŁÓDŹ PODWODNA
TAXI
CIĄGNIK

15 - Engenharia

```
L  W  J  Ł  N  S  U  Y  L  X  C  Y  Z  U  D  D
V  Y  D  T  F  X  S  K  R  K  H  W  E  V  Ę  I
Z  M  M  A  A  N  M  A  S  Z  Y  N  A  D  P  E
H  I  E  R  D  Y  S  T  R  Y  B  U  C  J  A  S
M  A  N  C  D  I  A  G  R  A  M  Q  S  H  N  E
Ł  R  E  I  S  T  A  B  I  L  N  O  Ś  Ć  Ł  L
B  Y  R  E  G  Ś  R  E  D  N  I  C  A  N  H  Ł
U  Z  G  J  P  Ł  G  H  X  A  Q  E  L  Ł  R  Z
D  W  I  G  Ł  O  Ę  M  N  F  N  C  I  E  C  Z
O  C  A  M  R  X  M  B  O  B  L  I  C  Z  E  Ń
W  K  I  N  L  I  S  I  O  X  Y  K  O  Ł  Ł  L
A  Ą  F  Y  B  H  A  C  A  K  P  E  J  Ś  M  J
Ł  T  D  X  Z  G  U  B  P  R  O  P  M  X  E  D
O  H  C  Q  C  I  T  V  B  Ł  E  Ś  C  F  N  R
X  B  Z  M  P  M  E  E  T  Q  C  Q  Ć  T  B  U
H  S  I  Ł  A  R  U  T  K  U  R  T  S  Q  E  Y
```

TARCIE
KĄT
OBLICZEŃ
BUDOWA
DIAGRAM
ŚREDNICA
DIESEL
WYMIARY
DYSTRYBUCJA
OŚ

ENERGIA
STABILNOŚĆ
STRUKTURA
SIŁA
CIECZ
MASZYNA
POMIAR
SILNIK
GŁĘBOKOŚĆ
NAPĘD

16 - Restaurante # 2

```
B  O  N  U  P  S  D  D  W  A  C  F  H  O  X  D
K  U  T  A  T  R  Ó  Ó  H  L  I  Q  I  W  K  G
W  E  S  O  U  K  Z  L  K  D  A  I  B  O  B  F
Z  C  L  A  G  B  J  Y  C  Q  S  G  Z  C  K  W
Ł  K  H  N  V  I  J  W  S  X  T  J  U  G  C  B
Ł  P  I  O  E  Y  V  A  D  T  O  Y  E  P  O  V
B  P  J  R  K  R  Q  R  O  A  A  K  Ż  Y  Ł  Q
U  F  U  A  J  A  J  P  Y  O  W  W  E  U  S  O
Y  P  E  K  F  B  I  Y  T  D  Y  S  K  P  E  K
K  U  H  A  Q  Y  P  Z  E  V  Z  A  L  A  Z  Ł
S  M  A  M  U  R  V  R  Y  N  R  Ł  U  D  R  J
W  I  D  E  L  E  C  P  B  A  A  A  W  O  K  X
P  Y  S  Z  N  Y  G  A  U  P  W  T  X  W  Y  E
N  V  S  Q  I  M  G  D  T  Ó  C  K  K  V  K  C
H  C  I  U  M  Ł  Q  G  Y  J  I  A  P  U  Z  L
Q  M  C  F  Ł  D  J  N  I  I  D  T  O  G  V  W
```

PRZYSTAWKA
WODA
NAPÓJ
CIASTO
KRZESŁO
ŁYŻKA
PYSZNY
PRZYPRAWY
OWOC
KELNER

WIDELEC
LÓD
OBIAD
WARZYWA
MAKARON
JAJA
RYBA
SÓL
SAŁATKA
ZUPA

17 - Países #2

```
V L G C N E Y O J I R O S J A P
A A I R E G I N I N P D P Y J A
W O T K E S M N P D S E W L C K
A S I U L C U N H O M T D L N I
L N A I K S J N Q N S E B P A S
B I H R Ł R Ł A A E C T K S R T
A P K L S Q A B J Z J R K S F A
N X B A Y Q Z I A J A A K O Y N
I Z T N R P C L N A M N O A J K
A L G D I C A Q J A A E G L I K
I B I I A H J J M O J P O I G E
C H G A U G A N D A K A M Ł Z S
B W L I C Y N F P B A L T G G R
H U Z N M S O M A L I A N C Ł B
Z N J A P O N I A V D M F X Y Y
C B P D W E W J L M S D P W W F
```

ALBANIA
DANIA
FRANCJA
GRECJA
HAITI
INDONEZJA
IRLANDIA
JAMAJKA
JAPONIA
LAOS

LIBAN
MEKSYK
NEPAL
NIGERIA
PAKISTAN
ROSJA
SYRIA
SOMALIA
UKRAINA
UGANDA

18 - Cozinha

```
K U B K I S E R W E T K A Z P G
H H Y X V Q K Q G I R D E A I R
F Y M A B Ł T W Y Ą D C Y M E I
D A L H C O H C D C B V P R K L
Ł M R P A Ł E C Z K I K J A A L
G A O T L U X T Ł X K I A Ż R X
Z N B Y U G Ł Ł O L Ż N K A N J
P D A P C C O A Y Q Y J W R I C
Q J U Y R Y H S L P Ł A Ó K K L
M H S P Y Z B V O X K Z D A S K
H Ł X R P G Y D H Q T C O N B Y
Z J N O Ż E Z P W I D E L C E K
R E Z A N U V Q R P M I S K A O
V Ś S Ł O I K E N A B Z D K M R
D Ć L E E Ł A B H A W N A L T K
P R Z E P I S U R J U Y W W W B
```

FARTUCH
CZAJNIK
ŁYŻKI
JEŚĆ
CHOCHLA
KUBKI
PRZYPRAWY
GĄBKA
NOŻE
PIEKARNIK

ZAMRAŻARKA
WIDELCE
LODÓWKA
GRILL
SERWETKA
SŁOIK
DZBANEK
PAŁECZKI
PRZEPIS
MISKA

19 - Material de Arte

```
X U P X C X P A I Y S X A V S U
A T R A M E N T D A X A K Y P M
K I R C P L O L W S H G W M A A
M U S A A W Ł R W C B B A M S N
U E T Z P F S H T O Q B R W T B
G E W J I Q E J N Q D U E K E K
F E W E E L Z D Ę P K A L P L Ł
M P I L R L G W N P K E Y E Ł
B Q G O E P K D Y Z H Y B R A F
W H A Y N K R E A T Y W N O Ś Ć
P T B M P S J B K K T Y S L M L
F N D C A K R Y L A X K T O B Ł
O Ł Ó W K I E G M Q M O Ó K Ł O
F Y W S Z T A L U G A E Ł Z Y Ł
W J Q G L I N A F D U O R V T F
Y D F F F U Ł J H V I Z Ł A E C
```

AKRYL	KREATYWNOŚĆ
GUMKA	PĘDZLE
AKWARELE	OŁÓWKI
GLINA	STÓŁ
WODA	OLEJ
KRZESŁO	PAPIER
SZTALUGA	PASTELE
KAMERA	ATRAMENT
KLEJ	FARBY
KOLORY	

20 - Números

```
S B Q K J M G Z T D N O M E S D
Z W D W Q E U Q R S V S B V E Z
E Y E D R D D Q Z J K I J P T I
Ś I I S T E Y E Y R E T Z C E
Ć B C Z D I W Q N K D M F K Z W
N R Ś V S S Z E R O P N M Z R I
D W A D Z I E Ś C I A A P A V Ę
L Z N Q U S Ł B E X B Ś W I C Ć
Z P A X L B Q X Z M X C C D Ę M
X K W M J B G Z R S G I T C W Ć
A N D Z E I C Ś A N R E T Z C U
T D Z I E S I Ę Ć Y Q S S Ł I Z
M B P I Ę T N A Ś C I E G I G B
T R Z Y N A Ś C I E Z Y W X G L
D Z I E S I Ę T N Y O S I E M O
S Z E S N A Ś C I E V Q Q Ł X S
```

PIĘĆ	CZTERY
DZIESIĘTNY	PIĘTNAŚCIE
DZIESIĘĆ	SZEŚĆ
SZESNAŚCIE	SIEDEM
OSIEMNAŚCIE	TRZYNAŚCIE
DWA	TRZY
DWANAŚCIE	JEDEN
DZIEWIĘĆ	DWADZIEŚCIA
OSIEM	ZERO
CZTERNAŚCIE	

21 - Física

```
C  Z  Ę  S  T  O  T  L  I  W  O  Ś  Ć  S  Z  Y
R  C  U  Q  C  J  A  L  D  J  R  Y  Ł  W  R  L
Y  Z  N  I  V  B  Ą  Z  J  J  S  J  C  Ć  A  N
N  Ą  I  F  S  K  Y  D  Z  R  R  Y  R  Ś  N  Z
Z  S  W  J  Q  I  L  G  R  A  W  J  M  O  T  A
C  T  E  V  N  N  F  D  R  O  H  N  A  N  G  G
I  E  R  X  Y  L  M  O  W  B  W  G  G  D  R  H
M  C  S  Z  H  I  N  K  W  E  F  Y  N  Ę  A  D
E  Z  A  E  K  S  P  A  N  S  J  A  E  L  W  Ł
H  K  L  A  K  I  N  A  H  C  E  M  T  G  I  G
C  A  N  A  K  K  L  U  Ł  N  Q  L  Y  Z  T  V
S  H  Y  T  W  I  Y  Z  K  U  B  M  Z  W  A  Ł
O  D  A  K  T  S  Ą  Z  C  H  M  U  M  I  C  F
M  L  N  O  R  T  K  E  L  E  A  R  F  D  J  R
Ć  Ś  O  T  S  Ę  G  Ł  N  Y  S  R  O  P  A  G
Q  P  R  Ę  D  K  O  Ś  Ć  B  A  Q  A  F  M  P
```

ATOM
CHAOS
GĘSTOŚĆ
ELEKTRON
EKSPANSJA
FORMUŁA
CZĘSTOTLIWOŚĆ
GAZ
GRAWITACJA
MAGNETYZM

MASA
MECHANIKA
CZĄSTECZKA
SILNIK
JĄDROWY
CZĄSTKA
CHEMICZNY
WZGLĘDNOŚĆ
UNIWERSALNY
PRĘDKOŚĆ

22 - Especiarias

```
W K H B Ł A C H J I I C U R R Y
H K A M S N Y Ł R I K Z T R Z J
P M L F W Y Z A L P Z W Ł M J D
S I U J W Ż D S N I R M A D G N
C N B I C R A O H R O L E Ś H I
Q E E P M Z D O W C G B K M N D
I K C I K S O Ł W R E P O K L Y
W A N I L I A S F S R R R F I R
Ł Z P Ł A K S C N D Ł X W W M L
C L U K R E C J A E C O L C B V
Y L T I D S X P R J K O D A I J
N G D Z N E K B F N D M F K R W
A Z G D E N Z G A U T S I Y I L
M C J Ź L B F K Z R P E I P S E
O Q X O O J I K S H O K F S Ó Ł
N Y L G K K A R D A M O N P L T
```

SZAFRAN	CEBULA
LUKRECJA	KOLENDRA
CZOSNEK	KMINEK
GORZKI	GOŹDZIK
ANYŻ	SŁODKIE
KWAŚNY	KOPER WŁOSKI
WANILIA	IMBIR
CYNAMON	PIEPRZ
KARDAMON	SMAK
CURRY	SÓL

23 - Países #1

```
C E J E E A O V R I G Q F T N F
T K A M B O D Ż A K S L O P O I
B S E N E G A L U K I E X I R N
J R A F C P R W S J Z K W G W L
C I A Z D O M H X A R W Z E E A
K K E Z Z F R A R U A A U L G N
O Q P T Y J Y M L Y E D C B I D
Z F L U G L C A H I L O A H A I
J G Y C M E I N I I Ł R L I I A
I Q G B V T R A I N V X E S R D
J M A R O K O P H Q D E U Z A A
N I K A R A G U A T U I Z P K N
Z C L K T K W Ł O C H Y E A L A
I L A R Q S Z Y I W S A N N E K
P B T N Ł S C U Ł Z K P E I F B
B M O U S U B M C J Z T W A R X
```

NIEMCY	WŁOCHY
BRAZYLIA	INDIE
KAMBODŻA	MALI
KANADA	MAROKO
EGIPT	NIKARAGUA
EKWADOR	NORWEGIA
HISZPANIA	PANAMA
FINLANDIA	POLSKA
IRAK	SENEGAL
IZRAEL	WENEZUELA

24 - A Mídia

```
N D I S K X F Ł C J P Ć E I S P
S W I Y W O R F Y C T F D G R R
S Q D X N C M Q L S Q J U I N Z
L O K A L N Y E Y H Q U K A N E
U E F I K B C S R Ł F Q A Z N M
G I C C R O X Y X C U D C R Ł Y
E M X Ę O M M W B U Y B J E F S
C S Y J L B L U C M Z J A Y A Ł
V Ł E D G H S Y N U A V N V K P
R A B Z S V G E N I L N O E T O
H A N Ł R A A K Q X K C H E Y S
L C D W Y D A N I E P A E X T T
J L Ł I O P I N I A Z G C C E A
F X X W O U E M J A L O P J Z W
F I N A N S O W A N I E O N A Y
I N D Y W I D U A L N E R R G F
```

POSTAWY
KOMERCYJNE
KOMUNIKACJA
CYFROWY
WYDANIE
EDUKACJA
FAKTY
FINANSOWANIE
ZDJĘCIA

INDYWIDUALNE
PRZEMYSŁ
GAZETY
LOKALNY
ONLINE
OPINIA
RADIO
SIEĆ

25 - Casa

```
S  Ś  Ś  H  X  Ł  D  Ł  K  L  U  S  T  R  O  C
V  C  E  T  I  F  U  S  L  Ł  I  G  K  C  R  D
L  I  W  Z  R  D  E  D  U  A  I  Ł  E  I  J  Q
Ł  A  N  Z  Y  Y  P  F  C  G  A  R  A  Ż  B  V
K  N  A  W  Y  D  C  B  Z  F  W  K  P  J  I  M
T  A  L  M  N  L  Ł  H  E  L  I  Z  L  N  B  E
X  N  G  M  O  K  P  R  Y  S  Z  N  I  C  L  G
F  O  A  V  Ł  O  U  M  I  O  T  Ł  A  Q  I  Y
U  N  G  V  S  H  B  C  P  O  K  Ó  J  E  O  Q
X  Ł  U  G  A  V  O  X  H  Q  B  Y  I  Ł  T  F
G  Z  Q  B  Z  J  G  K  M  N  H  D  O  Q  E  I
Y  C  W  X  Y  N  R  K  K  E  I  F  K  P  K  H
C  V  P  O  C  X  Ó  S  G  R  Q  A  I  Z  A  L
Y  K  U  N  I  G  D  K  S  Q  A  W  O  W  U  G
K  X  D  K  O  M  I  N  E  K  G  N  U  F  D  Ł
O  G  R  O  D  Z  E  N  I  E  L  B  E  M  W  A
```

BIBLIOTEKA	KOMINEK
OGRODZENIE	MEBLE
KLUCZE	ŚCIANA
PRYSZNIC	DRZWI
ZASŁONY	POKÓJ
KUCHNIA	STRYCH
LUSTRO	DYWAN
GARAŻ	SUFIT
OKNO	KRAN
OGRÓD	MIOTŁA

26 - Vegetais

```
Z D K A N I P Z S F X R S G M S
I U E A K W E I K D O Z R R A E
E R R I R Z E F Q K E U O Z R L
M Z Ó N H C O R G V Q S D Y C E
N E G Y I Ł Z P L V I Z I B H R
I P O D A P N O T I M A M J E Q
A A K T A Ł A S C E B L O J W J
K S G R N Q Q M Y H I O P M K Q
P I E T R U S Z K A R T I J A C
U N W W N A Q H Y Ł U K O R B C
W V O U S S K P Y F B A C X K E
J H C Z D Y G Z O J O X G E P B
B A K Ł A Ż A N C Z O S N E K U
N Y N X I X G O C E K I N B Z L
M M R G M J A Ł I L K T Y M C A
T A X D G Ł C R F M M R D B Y T
```

DYNIA	GRZYB
SELER	GROCH
KARCZOCH	SZPINAK
CZOSNEK	IMBIR
ZIEMNIAK	RZEPA
BAKŁAŻAN	OGÓREK
BROKUŁY	RZODKIEWKA
CEBULA	SAŁATKA
MARCHEWKA	PIETRUSZKA
SZALOTKA	POMIDOR

27 - Balé

```
P  M  H  F  L  N  B  E  B  R  R  U  W  K  R  G
X  R  M  K  X  C  O  Z  A  A  Y  O  D  O  P  Z
T  F  Ó  U  P  O  P  R  L  G  T  K  Z  M  U  A
A  Q  I  B  Z  L  I  E  E  E  M  L  I  P  B  R
W  N  H  H  A  Y  S  C  R  S  Q  Ą  Ę  O  L  T
N  S  F  M  E  T  K  N  I  T  E  S  C  Z  I  Y
T  N  W  V  L  S  D  A  N  L  J  K  Z  Y  C  S
A  K  I  N  H  C  E  T  A  C  A  I  N  T  Z  T
U  M  I  E  J  Ę  T  N  O  Ś  Ć  Ł  Y  O  N  Y
W  Y  R  A  Z  I  S  T  Y  L  K  A  R  O  C
N  I  N  T  E  N  S  Y  W  N  O  Ś  Ć  A  Ś  Z
C  H  O  R  E  O  G  R  A  F  I  A  V  Y  Ć  N
X  I  A  L  I  K  X  B  Ć  W  I  C  Z  Y  Ć  Y
J  D  I  M  O  O  R  K  I  E  S  T  R  A  Y  Q
H  B  D  S  H  S  O  N  I  Y  N  S  C  I  Ł  T
N  U  V  G  J  B  M  N  G  Ł  E  Z  G  A  L  H
```

OKLASKI
ARTYSTYCZNY
BALERINA
KOMPOZYTOR
CHOREOGRAFIA
TANCERZE
PRÓBA
STYL
WYRAZISTY
GEST

WDZIĘCZNY
UMIEJĘTNOŚĆ
INTENSYWNOŚĆ
MUZYKA
ORKIESTRA
ĆWICZYĆ
PUBLICZNOŚĆ
RYTM
SOLO
TECHNIKA

28 - Adjetivos #1

```
A C E N N Y Y N Z C Y T N E D I
E R L Y N T U L O S B A A A U O
K Y O L N C I E M N Y J I C P S
L Ł B M Y Ż S U R D E E D D H H
W A G I A D A B T V D M W H B F
W N C D T T C W B Z H N Q X S E
F O B I V M Y N O L W I C E P E
G K K L E O G C C P R C P X P V
F S Q U Q N C T Z V L Z Y Q F I
P O W O L I K I N N K Y N B W N
B D H V O M M I K S Y W M K A K
A R T Y S T Y C Z N Y I O G Ż S
C I Ę Ż K I H O J N Y C R K N E
R W X U Y N Z C Y T O Z G E Y J
J Z W D K B Y N S E Z C O W O N
A T R A K C Y J N Y D U R A R R
```

ABSOLUTNY
AROMATYCZNY
ARTYSTYCZNY
ATRAKCYJNY
OGROMNY
CIEMNY
EGZOTYCZNY
CIENKI
HOJNY
DUŻY

UCZCIWY
IDENTYCZNY
WAŻNY
POWOLI
TAJEMNICZY
NOWOCZESNY
DOSKONAŁY
CIĘŻKI
POWAŻNY
CENNY

29 - Psicologia

```
K I Z Q Ł W P E G O S K D M D R
L K A N E C O J N T P E Z S O Z
I Z C W I N D C D E O I I Q Ś E
N F H M P J Y O Y R T N E W W C
I D O E Y Ł Z M P A K A C Ł I Z
C J W L J Ś Y E H P A G I E A Y
Z Ć A B Z T L W R I N E Ń M D W
N Ś N O U G I I Y A I Z S A C I
Y O I R I K M G L L E R T R Z S
U W E P K O N F L I K T W Z E T
P O D Ś W I A D O M Y S O E N O
Z B R P U C Z U C I E O T N I Ś
G O I L Q H X I X S Z P F I A Ć
U S G S P S V Ł X C E H X A X T
P O N I E P R Z Y T O M N Y P C
C J V R D R P H S P O Y G F J D
```

OCENA
KLINICZNY
ZACHOWANIE
SPOTKANIE
KONFLIKT
EGO
EMOCJE
DOŚWIADCZENIA
NIEPRZYTOMNY
DZIECIŃSTWO

WPŁYWY
MYŚLI
POSTRZEGANIE
OSOBOWOŚĆ
PROBLEM
RZECZYWISTOŚĆ
UCZUCIE
MARZENIA
PODŚWIADOMY
TERAPIA

30 - Paisagens

```
Y Y S Z N J Z G Z B R N L Q I T
I Z R N H E D F A I N Y T S U P
W G R L S Z S F T C H Y R Ł D Y
N Y Ó W Y I Z B O K E X U R P E
F H S R U O R W K N M O R Z E L
Z D L P A R Z X A M G N A N G D
C M R E A O E W Z V I A Z A O L
N J V S R P K D W P F E B K X W
P Z D Y D Z A D Z L U C L L J O
B D O W N U Ł G G A G O A U A D
H B L Ł U J C L Ó Ż D L Q W S O
F K I Ó T B R E R A Ł T X H K S
L Ł N P N Z H J Z K A B H U I P
E H A C S R V P E C D G L V N A
G Ó R A L O D O W A T Z T U I D
L O D O W I E C E G P Z A I A X
```

WODOSPAD	GÓRA
JASKINIA	OAZA
WZGÓRZE	OCEAN
PUSTYNIA	BAGNO
LODOWIEC	PÓŁWYSEP
ZATOKA	PLAŻA
GÓRA LODOWA	RZEKA
WYSPA	TUNDRA
JEZIORO	DOLINA
MORZE	WULKAN

31 - Dança

```
P  S  P  T  E  W  T  M  A  R  U  T  L  U  K  C
Y  T  O  A  U  I  R  L  U  K  A  E  K  I  O  I
Y  P  S  D  C  Q  A  H  J  Z  A  Q  Ł  H  K  A
S  R  T  F  S  S  D  E  C  P  Y  D  T  G  S  Ł
Z  Ó  A  K  J  M  Y  S  I  V  X  K  E  K  H  O
T  B  W  H  O  H  C  U  R  C  Q  K  A  M  Z  T
U  A  A  C  B  K  Y  N  S  O  D  A  R  M  I  L
K  J  O  U  C  P  J  W  I  Z  U  A  L  N  Y  A
A  C  F  R  R  E  N  T  R  A  P  Z  A  O  W  K
C  O  U  F  C  Q  Y  N  Z  C  Y  S  A  L  K  R
S  M  D  M  S  S  V  I  A  W  W  J  C  R  X  F
U  E  A  T  N  O  Z  A  K  Q  Ł  N  P  J  L  R
Ł  X  W  Y  R  A  Z  I  S  T  Y  D  Ł  C  R  B
C  H  O  R  E  O  G  R  A  F  I  A  X  A  O  F
T  O  W  J  U  X  Z  R  Ł  Ł  P  J  L  O  G  U
K  U  L  T  U  R  A  L  N  Y  M  D  M  E  T  Y
```

AKADEMIA	WYRAZISTY
RADOSNY	ŁASKA
SZTUKA	RUCH
KLASYCZNY	MUZYKA
CHOREOGRAFIA	PARTNER
CIAŁO	POSTAWA
KULTURA	RYTM
KULTURALNY	SKOK
EMOCJA	TRADYCYJNY
PRÓBA	WIZUALNY

32 - Nutrição

```
Ł L J G J W Y G U J H J M P N S
W I T A M I N A L A G A W P H K
A I F K K G A L B D D I E T A Ł
M R B Z E L G C X A M T O N I A
Z D R O W I E U V L O Y U V Q D
L G Y Q Q E I I Y N Y N Y Ł P N
B S O D F B R U N Y W O R D Z I
T M O N A N O A A E B Ż B P Y K
O A X S X O L F D H I A C J V I
K K Z K Z B A A O K R W X J H A
S V G L G A K W W J D O A A J W
Y J A K O Ś Ć O O R K N K R X N
N B I A Ł K A Ł L J I W M C T B
A L A P E T Y T G Y H Ó D T Q T
G O R Z K I O O Ę Q T R G N U G
Ł Ł X C U A P Z W C M Z F E O H
```

GORZKI
APETYT
KALORIE
WĘGLOWODANY
JADALNY
DIETA
TRAWIENIE
ZRÓWNOWAŻONY
SKŁADNIKI
PŁYNY

SOS
WAGA
BIAŁKA
JAKOŚĆ
SMAK
ZDROWY
ZDROWIE
TOKSYNA
WITAMINA

33 - Energia

```
P D U H T R D G Y A A C S M P C
A G V F P X U V F J N N M J R W
B U K O K S I W O D O R Ś I Z L
H A Q Ł G N P Ł Y Z T X O L E R
I A T P P J H A V F O Z D E M E
I B L E S E I D L K F D N L Y L
R Y D I R Ó D O W I Q X A E S E
E A Ł C H I Q H D N W O W K Ł K
P A R O W Y A U C L Z O I T T T
J Ą D R O W Y Q K I K U A R U R
S Ł O Ń C E C U N S J B L O R Y
W I A T R W Ę G I E L G N N B C
M S Q F B N E A N Y Z N E B I Z
Ł N L P K N K Q H P T O I A N N
I K Q Q B U V R H P Ł L C V A Y
S N X L R Y A E N T R O P I A R
```

ŚRODOWISKO	BENZYNA
BATERIA	WODÓR
CIEPŁO	PRZEMYSŁ
WĘGIEL	SILNIK
PALIWO	JĄDROWY
DIESEL	ODNAWIALNE
ELEKTRYCZNY	SŁOŃCE
ELEKTRON	TURBINA
ENTROPIA	PAROWY
FOTON	WIATR

34 - Disciplinas Científicas

```
E  K  O  L  O  G  I  A  I  M  E  H  C  O  I  B
Q  F  Z  D  D  G  A  I  G  O  L  O  J  C  O  S
N  E  U  R  O  L  O  G  I  A  Z  V  A  I  Y  T
M  C  N  M  Y  L  Z  O  B  K  O  U  S  M  I  E
E  E  H  S  M  P  T  L  I  I  O  X  T  M  Q  R
Q  F  C  E  A  X  R  O  O  N  L  U  R  U  A  M
Z  V  U  H  M  B  Z  J  L  A  O  K  O  N  N  O
K  L  H  L  A  I  Z  Z  O  T  G  G  N  O  A  D
P  Ł  Y  Y  U  N  A  I  G  O  I  E  O  L  T  Y
G  V  D  T  X  D  I  F  I  B  A  Ł  M  O  O  N
T  L  D  X  L  J  Z  K  A  X  N  T  I  G  M  A
G  E  O  L  O  G  I  A  A  O  T  X  A  I  I  M
K  I  N  E  Z  J  O  L  O  G  I  A  A  A  A  I
A  R  C  H  E  O  L  O  G  I  A  U  P  Q  R  K
P  S  Y  C  H  O  L  O  G  I  A  M  K  V  Ł  A
M  E  T  E  O  R  O  L  O  G  I  A  U  L  N  I
```

ANATOMIA
ARCHEOLOGIA
ASTRONOMIA
BIOLOGIA
BIOCHEMIA
BOTANIKA
KINEZJOLOGIA
EKOLOGIA
FIZJOLOGIA
GEOLOGIA

IMMUNOLOGIA
MECHANIKA
METEOROLOGIA
NEUROLOGIA
PSYCHOLOGIA
CHEMIA
SOCJOLOGIA
TERMODYNAMIKA
ZOOLOGIA

35 - Meditação

```
P  J  W  D  F  F  T  J  I  M  A  T  N  X  T  B
P  R  P  E  R  S  P  E  K  T  Y  W  A  Z  M  V
P  R  Z  E  A  K  Y  Z  U  M  D  V  T  V  N  R
S  W  Z  E  R  U  C  H  A  O  B  U  D  Z  I  Ć
Y  F  Ł  Y  J  Z  U  G  N  H  I  B  V  W  G  Ś
C  P  L  W  J  R  C  I  S  Z  A  G  M  D  W  O
H  W  O  H  P  Ę  Z  P  T  Q  H  V  T  Z  S  W
I  Ł  E  K  F  H  C  Y  Ł  S  Y  M  U  I  P  I
C  O  E  Q  Ó  J  M  I  S  G  L  V  W  Ę  Ó  L
Z  G  F  T  Y  J  A  F  E  T  A  L  A  C  Ł  Z
N  A  J  C  A  W  R  E  S  B  O  W  G  Z  C  C
Y  N  J  U  R  X  U  E  Ł  Ł  R  Ś  A  N  Z  Y
E  M  O  C  J  E  T  W  T  J  J  R  Ć  O  U  Ż
Q  P  W  D  F  M  A  W  A  T  S  O  P  Ś  C  I
S  H  Ł  N  P  L  N  M  Y  Ś  L  I  V  Ć  I  F
U  H  H  S  E  E  O  T  O  F  X  Ł  B  K  E  U
```

PRZYJĘCIE
OBUDZIĆ
UWAGA
ŻYCZLIWOŚĆ
PRZEJRZYSTOŚĆ
WSPÓŁCZUCIE
EMOCJE
NAUKI
WDZIĘCZNOŚĆ
PSYCHICZNY

UMYSŁ
RUCH
MUZYKA
NATURA
OBSERWACJA
POKÓJ
MYŚLI
PERSPEKTYWA
POSTAWA
CISZA

36 - Moda

```
L Y T S I C C Q Y C I F H T Ł P
X T F A H Q U A R U T S K E T R
W S C M Q F X U R N U I J N R Z
F O D Z I E Ż Z C S S F V D Y Y
Z R P V I K C N A G E L E E A C
Y P B R B Y N M O R K S F N F I
Q P S U A X P O Z V R A K C C S
T P L F T K F U R P Z A W J O K
K P Z K W I T N S O A X I A R I
A O T R Y N K Y N I K I Q T Y H
N M Ł I G O R D C Ł P G F C G M
I I N I O M H J L Z L B W S I Ł
N A H S D L V H G X N M D J N I
A R M K N O L Z S O T Y Y F A R
X Y V C Y N S E Z C O W O N Ł U
N I E D R O G I E Ł N P K R S R
```

NIEDROGIE
HAFT
PRZYCISKI
BUTIK
DROGI
WYGODNY
ELEGANCKI
STYL
POMIARY
NOWOCZESNY

SKROMNY
ORYGINAŁ
PRAKTYCZNY
KORONKI
ODZIEŻ
PROSTY
TKANINA
TENDENCJA
TEKSTURA

37 - Instrumentos Musicais

```
H Z V J Ó B O Q T Ł D V D F J B
M A D Y U A L L B F L E T N D Ę
W A R O V N L U X P H U U P D B
I Z R F V J T A M B U R Y N T E
O Q D I A O E G I T A R A O H N
L Q O P M M N O Z U P F K F A O
O V Z R C B R N S S U D Ł O R R
N F R X O Z A G F P O R V S M P
C M A N D O L I N A U Q M K O E
Z H B O Q K K T R Ą B K A A N R
E F Ł V Y L B M X S Ł Ł W S I K
L D Q S K R Z Y P C E T G P J U
A H E Z W N V S P Z U V O O K S
W I P J O F B K M J J U N G A J
R W R N N P I A N I N O G I A A
J V J C T G W W Y E O B X X N F
```

MANDOLINA	TAMBURYN
BANJO	PERKUSJA
KLARNET	PIANINO
FAGOT	SAKSOFON
FLET	BĘBEN
HARMONIJKA	PUZON
GONG	TRĄBKA
HARFA	GITARA
MARIMBA	SKRZYPCE
OBÓJ	WIOLONCZELA

38 - Adjetivos #2

```
O  Q  Ł  C  T  T  X  T  I  J  G  R  P  N  E  U
J  P  A  U  T  E  N  T  Y  C  Z  N  Y  Q  M  T
H  Ł  I  S  U  C  H  Y  T  R  A  U  T  B  C  A
V  L  K  S  S  F  K  B  S  S  I  L  N  Y  Y  L
T  Ł  C  O  O  X  L  U  Y  G  O  R  Ą  C  Y  E
E  C  N  V  A  W  X  R  Z  Ł  N  H  S  Ą  N  N
S  Ł  A  W  N  Y  Y  G  C  L  A  Ł  F  J  W  T
I  Q  G  R  L  W  Z  W  H  J  T  Y  C  U  Y  O
K  K  E  Q  A  O  C  A  O  Ł  U  R  U  S  T  W
I  A  L  W  M  R  R  U  Z  N  R  O  S  E  K  A
Z  H  E  Q  R  D  Ó  N  V  M  A  Y  S  R  U  N
D  Q  F  L  O  Z  W  M  E  L  L  P  S  E  D  Y
Y  U  Z  W  N  U  T  V  T  Ł  N  O  O  T  O  Ł
H  W  M  S  Ł  O  N  Y  S  M  Y  E  L  N  R  I
C  V  M  N  N  S  X  A  I  K  H  Y  A  I  P  C
U  X  A  L  Y  P  S  I  O  K  V  T  T  V  H  T
```

AUTENTYCZNY

TWÓRCZY

OPISOWY

UTALENTOWANY

ELEGANCKI

SŁAWNY

SILNY

GRUBY

INTERESUJĄCY

NATURALNY

NORMALNA

NOWY

DUMNY

PRODUKTYWNY

CZYSTY

GORĄCY

SŁONY

ZDROWY

SUCHY

DZIKI

39 - Roupas

```
L R B P Y Z F G C I T O X E P O
S M R H M G Z A C I N D Ó P S V
K R A K T R U K R U T M D P A M
A Ę N O V W I Ł J T Y Ł P Ł P R
R K S G B P O C H O U U U A X A
P A O K O S Z U L A O C B S U M
E W L K A P E L U S Z J H Z R V
T I E H T T Ł P O U C J D C G P
Y C T B S D Ż I N S Y N Ł Z D B
S Z K U U W N A S Z Y J N I K L
A K A Q I T E S P O D N I E X U
N I M Ł S Ł C T J T Z O D O Q Z
D B A D O M K E E Y M H X K O A
A Ł Ż C V X O K E R Y X O X F K
Ł Q I S U K I E N K A E P T A U
Y R P E V U N X O A I S H L F S
```

FARTUCH	RĘKAWICZKI
BLUZA	SKARPETY
SPODNIE	MODA
KOSZULA	PIŻAMA
PŁASZCZ	BRANSOLETKA
KAPELUSZ	SPÓDNICA
PAS	SANDAŁY
NASZYJNIK	BUT
KURTKA	SWETER
DŻINSY	SUKIENKA

40 - Herbalismo

```
F  S  A  C  P  G  C  Z  O  S  N  E  K  S  C  S
I  Y  A  I  L  Y  Z  A  B  V  I  G  A  U  V  U
K  I  N  D  A  Ł  K  S  U  M  R  T  M  F  L  L
S  O  I  T  K  O  G  R  Ó  D  Ł  Q  S  Y  Q  Z
O  K  L  C  Y  J  A  K  O  Ś  Ć  K  W  I  A  T
Ł  D  Ś  E  Y  M  Z  I  E  L  O  N  Y  W  F  U
W  M  O  Y  N  G  I  E  S  T  R  A  G  O  N  Ł
R  A  R  E  Z  D  Ł  A  D  W  M  K  K  L  A  M
E  J  Ł  B  C  Q  R  U  N  E  B  Z  I  A  R  H
P  E  O  S  Y  W  M  A  Y  E  F  S  K  W  F  R
O  R  Y  N  T  S  Y  Z  R  O  K  U  H  E  A  Y
K  A  G  N  A  Ł  X  P  A  T  V  R  K  N  Z  O
S  N  Z  E  M  T  Ł  F  M  J  X  T  V  D  S  Ł
U  E  A  B  O  T  P  N  Z  M  O  E  A  A  O  W
J  K  H  M  R  K  L  A  O  Ł  P  I  U  A  Q  G
Z  A  Z  G  A  W  M  F  R  C  J  P  K  E  D  R
```

SZAFRAN
ROZMARYN
CZOSNEK
AROMATYCZNY
KORZYSTNY
KOLENDRA
ESTRAGON
KWIAT
KOPER WŁOSKI
SKŁADNIK

OGRÓD
LAWENDA
BAZYLIA
MAJERANEK
ROŚLINA
JAKOŚĆ
SMAK
PIETRUSZKA
TYMIANEK
ZIELONY

41 - Arqueologia

```
D  N  M  S  L  T  R  E  P  S  K  E  H  N  N  Z
C  F  O  X  H  K  Ś  W  I  Ą  T  Y  N  I  A  A
C  Y  W  I  L  I  Z  A  C  J  A  G  C  L  O  G
Q  T  N  E  L  L  S  N  Ł  T  Ł  A  K  F  U  A
A  K  S  I  B  E  N  E  Ó  Q  W  P  R  R  F  D
O  E  F  C  E  R  C  C  P  O  T  O  M  E  K  K
C  I  H  Ś  R  Z  Ł  O  S  Y  A  S  C  L  J  A
Z  B  S  O  G  R  N  Y  E  Z  L  L  D  P  I  Z
B  O  G  K  R  Y  W  A  Z  A  N  A  L  I  Z  A
R  N  Ć  Ś  O  Ł  A  I  N  E  I  M  A  K  S  Q
W  R  O  W  S  L  M  U  M  Y  S  Y  P  Y  Q  S
F  W  J  Z  E  D  N  B  N  S  N  C  M  T  Ł  U
U  D  I  J  F  T  G  W  F  W  S  P  E  N  I  U
O  C  R  T  O  Y  N  A  I  N  M  O  P  A  Z  R
C  N  I  S  R  W  G  R  O  B  O  W  I  E  C  W
K  C  Y  Z  P  K  U  N  B  A  D  A  C  Z  Z  T
```

ANALIZA	ZAPOMNIANY
LAT	SKAMIENIAŁOŚĆ
ANTYK	BADACZ
OCENA	ZAGADKA
CYWILIZACJA	OBIEKTY
POTOMEK	KOŚCI
NIEZNANY	PROFESOR
ZESPÓŁ	RELIKT
ERA	ŚWIĄTYNIA
EKSPERT	GROBOWIEC

42 - Esporte

```
P  R  O  G  R  A  M  K  V  P  G  T  X  C  D  H
N  P  U  Ł  T  V  K  A  O  X  M  A  D  Q  Q  D
S  I  Ł  A  T  E  L  T  A  L  C  E  L  Ł  V  R
Z  C  U  G  A  C  X  E  F  M  A  P  W  B  P  H
D  E  I  N  A  G  Ą  I  C  Z  O  R  Ł  B  X  Z
O  I  C  I  A  Ł  O  D  V  F  A  T  S  N  V  V
L  N  Ś  G  Ć  Ś  O  Ł  A  M  Y  Z  R  T  Y  W
N  A  O  G  R  F  C  H  G  R  U  Q  E  V  W  O
O  T  K  O  C  I  Ł  M  R  F  M  Z  N  E  C  O
Ś  J  R  J  C  U  W  L  X  X  I  J  E  S  U  R
Ć  A  I  M  Y  Z  R  B  L  O  Y  W  R  H  S  W
P  D  Q  Q  Q  F  P  R  Y  W  U  T  T  Y  P  D
U  S  Q  G  I  V  K  U  Ł  O  S  H  R  F  A  Y
O  D  Ż  Y  W  I  A  N  I  E  B  R  E  O  H  J
M  I  Ę  Ś  N  I  E  I  W  O  R  D  Z  M  P  E
M  E  T  A  B  O  L  I  C  Z  N  E  Ł  P  S  S
```

ROZCIĄGANIE	WYOLBRZYMIAĆ
ATLETA	METABOLICZNE
ZDOLNOŚĆ	MIĘŚNIE
KOLARSTWO	ODŻYWIANIE
CIAŁO	CEL
TANIEC	KOŚCI
DIETA	PROGRAM
SPORTY	WYTRZYMAŁOŚĆ
SIŁA	ZDROWIE
JOGGING	TRENER

43 - Agronomia

```
W A R Z Y W A F C Z S W Y C A P
D N Y N Z C I N A G R O S U J R
F O I F F Q G T Y B O R O H C O
U I W G S F R Z R P Ś R P Z A D
R S V D Y O E L L Z L H D R K U
Q A Q G S W N E O J I D Ł Ó I K
Ś N S Ł T Z E X W D N C E W F C
X R Ł S E R R S T U Y J K N Y J
Q X O O M O I R C Z A A O O T A
W B C D Y S U E I Ó S U L W N O
H I Q V O T A M N W H P O A E W
G C E M C W R X L A T H G Ż D G
L B T J P Ł I J O N U I I O I W
E F X N S B K S R Y F K A N H E
B W O D A K N L K A N S A Y P Ł
A X P N G J I T D O E R O Z J A
```

ROLNICTWO	IDENTYFIKACJA
ŚRODOWISKO	WARZYWA
WODA	ORGANICZNY
NAUKA	ROŚLINY
WZROST	PRODUKCJA
CHOROBY	WIEJSKI
EKOLOGIA	NASIONA
ENERGIA	SYSTEMY
EROZJA	GLEBA
NAWÓZ	ZRÓWNOWAŻONY

44 - Frutas

```
F  Ł  J  N  Y  Z  O  T  E  K  M  M  B  Ł  X
N  E  K  T  A  R  Y  N  A  V  I  M  X  E  X  U
I  W  V  Q  M  O  R  E  L  A  W  J  T  F  F  Z
W  I  N  O  G  R  O  N  O  V  I  M  A  N  G  O
P  O  M  A  R  A  Ń  C  Z  O  W  Y  W  G  Ł  D
E  S  A  N  A  N  A  F  J  F  P  K  I  R  I  A
E  P  U  Y  X  I  I  I  D  P  T  N  Ś  U  P  K
Q  F  W  Ż  W  L  Y  G  A  A  T  U  N  S  A  O
C  R  L  E  V  A  M  A  Z  N  P  R  I  Z  P  W
E  Y  N  J  D  M  J  K  R  Y  O  S  A  K  A  A
B  Q  T  Ł  H  V  T  R  O  O  K  Ł  B  A  J  J
T  A  B  R  D  Ł  P  O  K  O  K  O  S  Z  A  A
L  N  N  Z  Y  J  A  A  X  E  R  C  R  Y  L  G
S  M  S  A  I  N  I  W  K  S  O  Z  R  B  O  O
V  E  A  L  N  V  A  H  U  X  W  B  H  E  L  D
N  I  Z  L  F  T  N  Y  R  Ł  T  S  T  O  P  A
```

AWOKADO
ANANAS
JEŻYNA
JAGODA
BANAN
WIŚNIA
KOKOS
MORELA
FIGA
MALINA

KIWI
POMARAŃCZOWY
CYTRYNA
JABŁKO
PAPAJA
MANGO
NEKTARYNA
GRUSZKA
BRZOSKWINIA
WINOGRONO

45 - Corpo Humano

```
K R E W N R C B K R G W R M S F
Ł S E Y M Z I H Ł B B E F J J F
O K O Y S Z Y J A G O N S U O U
K Ł X N O M N Z D G K M T Ł K S
I B O E N Y E E N Z E N B N E T
E M X Z C L K E D Ó R B D O P A
Ć Y J P C B H Z U M A K Ę R I K
T T L I T M B B L V M W M V D Ę
Ł R S K O S T K A R I T O E E Z
Z Z T E K O L A N O Ę J G Ł U C
J K G A R Ó K S X J M O V N G Z
Z B Ł A B C E L A P J V C Ł M S
S R L R K Q E I G B Y Z D U U B
E B I N U K T I D U I F E C G T
C I R P G Q N W H A Z U X H S O
L Z V P U D H B B J H G R O G G
```

USTA
GŁOWA
MÓZG
SERCE
ŁOKIEĆ
PALEC
KOLANO
SZCZĘKA
RĘKA
NOS

OKO
RAMIĘ
UCHO
SKÓRA
NOGA
SZYJA
PODBRÓDEK
KREW
CZOŁO
KOSTKA

46 - Restaurante #1

```
Ł  Ł  J  U  B  E  Y  A  D  X  Z  U  N  N  V  Ł
K  E  L  N  E  R  K  A  K  T  E  W  R  E  S  W
D  R  I  J  L  S  T  J  P  E  G  V  O  E  H  M
Ł  E  E  F  H  I  E  Ł  E  X  X  Q  R  P  H  E
Y  J  S  A  C  D  X  Y  N  T  N  A  K  I  P  N
W  S  O  E  C  P  S  L  Ó  D  V  F  B  G  U  U
O  A  S  H  R  M  U  I  Ż  E  K  J  F  S  N  W
S  K  Ł  A  D  N  I  K  I  Z  R  E  L  A  T  J
Ę  K  U  R  C  Z  A  K  K  Z  W  Ś  N  W  Y  Ł
I  K  Ł  F  Ł  O  I  K  R  U  E  Ć  U  A  Q  N
M  V  E  J  N  W  G  Y  S  A  C  R  A  K  G  Z
G  J  S  H  O  U  R  G  H  E  C  H  F  W  Y  Q
K  C  G  J  P  K  E  G  I  F  L  M  N  M  N  E
Z  I  Ł  D  J  I  L  M  O  Y  R  N  T  I  K  I
J  C  C  L  S  U  A  K  S  I  M  M  Z  W  A  Y
B  Ł  T  E  R  E  Z  E  R  W  A  C  J  A  Z  E
```

ALERGIA   SKŁADNIKI
KAWA   MENU
KASJER   SOS
MIĘSO   CHLEB
JEŚĆ   PIKANTNY
KUCHNIA   TALERZ
NÓŻ   REZERWACJA
KURCZAK   DESER
KELNERKA   MISKA
SERWETKA

47 - Caminhada

```
P X M A P P Y R T C M F B K X B
R Q A J C A T N E I R O U L V E
Z M P T H R I K Ż Ę I C T I I Ł
Y C A Z I U K F A C C R Y M K V
G D D N M T I K G M B W G A I K
O T O P I A Z H N Y I T W T N N
T V W E O N D M W A B E Ł U D G
O T W R B G F K L I F C N K O Ó
W Z Q X P A O R T N O Ń D I W R
A W R C A V O D R E D O H C E A
N I V X R H P P A Ż T Ł R A Z Ł
I E E O K I W Y H O L S Q T R D
E R Y Ł I W Y I E R W B C M P I
I Z Y M N T B B O G N I P M E K
P Ą Y M H V L K Ł A M F B H E Q
V T I E E N Y N O Z C Ę M Z B I
```

KEMPING	ORIENTACJA
ZWIERZĄT	PARKI
WODA	KAMIENIE
BUTY	KLIF
ZMĘCZONY	ZAGROŻENIA
KLIMAT	CIĘŻKI
PRZEWODNIKI	PRZYGOTOWANIE
MAPA	DZIKI
GÓRA	SŁOŃCE
NATURA	POGODA

48 - Biologia

```
G  Ł  X  O  C  C  U  H  U  I  G  O  K  N  J  M
I  E  G  Z  S  R  H  V  G  U  P  X  O  A  A  U
K  K  M  A  T  M  X  R  F  O  X  G  L  U  N  T
G  R  C  W  B  X  O  N  O  B  J  I  A  W  A  A
H  O  R  M  O  N  Z  Z  R  M  S  F  G  W  T  C
A  I  R  E  T  K  A  B  A  X  O  D  E  G  O  J
K  Z  Z  Z  C  D  T  L  M  Y  Ł  S  N  Ł  M  A
R  T  O  A  Z  E  T  N  Y  S  O  T  O  F  I  J
Ó  V  K  I  M  E  K  E  D  O  R  A  Z  M  A  C
M  J  Q  A  B  R  S  S  A  K  J  O  C  R  B  U
O  I  D  S  W  M  N  F  G  Ł  W  R  H  O  Q  L
K  O  C  P  P  Y  Y  N  L  A  R  U  T  A  N  O
X  C  J  A  G  E  O  S  Z  I  E  R  N  A  E  W
Y  L  B  N  E  U  R  O  N  B  N  M  Y  Z  N  E
Q  I  Z  Y  B  X  R  E  P  D  X  X  R  A  M  Q
Y  Y  H  S  V  Y  Q  P  Y  P  X  N  G  L  F  Q
```

ANATOMIA	SSAK
BAKTERIA	MUTACJA
KOMÓRKA	NATURALNY
KOLAGEN	NERW
CHROMOSOM	NEURON
ZARODEK	OSMOZA
ENZYM	BIAŁKO
EWOLUCJA	GAD
FOTOSYNTEZA	SYMBIOZA
HORMON	SYNAPSA

49 - Beleza

```
T U S Z D O R Z Ę S Z X S S L W
K O L O R S E L E G A N C J A O
V S K Y N Z C I N E G O T O F N
H P I Q C M M K P R O D U K T Y
L W K Q A I Ł W D O I Q K B Q C
C Z Y G A N H U N T K R X S S K
L L T Ł H K Y L M H Z E J E L O
S A E M Y A A U A Y C Z B L D R
T Q M K S K O S K K Y A S E Z U
Y U S Ł U G I T I Z Ż R P G F S
L Ł O E L O A R J U O Ó A A B Z
I Y K Y K O R O A X N K P N Z A
S Ł A S K A K J Ż C N S L C E M
T L M F D U I I J P Y O N K W P
A D C Ł M V P M D W R M V I E O
M C V J Y F Z I L J W V Ł T Ł N
```

SZMINKA
LOKI
UROK
KOLOR
KOSMETYKI
ELEGANCKI
ELEGANCJA
LUSTRO
STYLISTA
FOTOGENICZNY

ZAPACH
ŁASKA
MAKIJAŻ
OLEJE
SKÓRA
PRODUKTY
TUSZ DO RZĘS
USŁUGI
NOŻYCZKI
SZAMPON

50 - Filantropia

```
A  I  Ł  R  Q  S  W  Y  Z  W  A  N  I  A  L  G
G  Y  X  W  J  C  P  K  P  O  C  E  L  E  U  R
T  N  F  J  W  Ć  Ś  O  W  I  C  Z  C  U  D  U
Y  Z  J  L  K  I  B  Q  Ł  I  T  Y  W  A  Z  P
M  C  D  K  U  V  H  Y  I  E  C  B  X  L  I  Y
A  I  C  E  I  Z  D  W  H  O  C  G  F  Z  E  M
R  L  S  H  I  S  T  O  R  I  A  Z  F  Ć  O  R
G  B  O  J  D  X  R  T  H  I  K  Ł  N  Ś  M  Ł
O  U  I  Q  A  L  H  A  H  T  R  U  E  O  Ć  T
R  P  Ł  I  I  Q  G  I  Z  Q  J  N  W  N  Ś  R
P  O  E  A  M  A  I  W  H  X  Q  C  X  Z  O  Ć
I  S  F  O  S  C  Ć  Ś  O  N  J  O  H  C  K  W
L  R  T  C  Y  M  Ł  O  D  Z  I  E  Ż  Ą  Z  M
D  O  B  R  O  C  Z  Y  N  N  O  Ś  Ć  Ł  D  Ł
F  U  N  D  U  S  Z  E  S  N  A  N  I  F  U  Q
P  O  T  R  Z  E  B  A  D  Z  B  Ł  P  Q  L  U
```

DOBROCZYNNOŚĆ
SPOŁECZNOŚĆ
ŁĄCZNOŚĆ
DZIECI
WYZWANIA
FINANSE
FUNDUSZE
HOJNOŚĆ
ŚWIATOWY
GRUPY

HISTORIA
UCZCIWOŚĆ
LUDZKOŚĆ
MŁODZIEŻ
MISJA
POTRZEBA
CELE
LUDZIE
PROGRAMY
PUBLICZNY

51 - Ecologia

```
R  E  U  V  H  S  E  Z  O  K  L  I  M  A  T  S
R  S  V  D  U  B  I  A  Q  Q  L  Q  Ś  N  B  P
Ć  P  R  Z  E  T  R  W  A  N  I  E  W  A  A  O
Ś  K  M  E  M  M  O  R  S  K  I  F  I  I  G  Ł
O  K  S  I  L  D  E  I  S  Q  C  L  A  M  N  E
N  E  G  L  O  M  E  S  Z  Z  L  O  T  D  O  C
D  N  J  X  A  C  J  Ł  M  Y  N  R  O  O  U  Z
O  L  L  J  U  V  X  Ł  R  B  N  A  W  X  P  N
R  S  Q  I  Y  N  I  L  Ś  O  R  V  Y  T  I  O
O  N  L  T  P  Y  Y  J  N  S  Q  Z  X  Z  M  Ś
N  G  L  V  A  A  Y  N  L  A  R  U  T  A  N  C
Ż  S  U  S  Z  A  O  Ł  S  Z  T  G  P  O  G  I
Ó  L  D  F  I  H  W  V  J  A  Q  U  Ó  H  Q  L
R  O  Ś  L  I  N  N  O  Ś  Ć  W  K  R  R  C  C
V  F  X  V  I  Ł  H  B  F  A  U  N  A  A  Y  G
Z  R  Ó  W  N  O  W  A  Ż  O  N  Y  G  U  H  F
```

KLIMAT	NATURA
SPOŁECZNOŚCI	BAGNO
RÓŻNORODNOŚĆ	ROŚLINY
FAUNA	ZASOBY
FLORA	SUSZA
ŚWIATOWY	PRZETRWANIE
SIEDLISKO	ZRÓWNOWAŻONY
MORSKI	ODMIANA
GÓRY	ROŚLINNOŚĆ
NATURALNY	

52 - Família

```
Z A X S I F P E I W Ł W F Y J H
M L A I K S Ń Y Z R E I C A M G
T V S O W T S Ń I C E I Z D B C
B A Ł S T V B O V T B A B C I A
R Z O T I Q Z R O J C O W S K I
A W Ł R C N G K A K T A M N E C
T S Ł Z T O B I N T O Ł K B J E
T I G E M Ą Ż P G V A J W W U I
H M H N P R Z O D E K N C N W Z
Y R T I R S X U U Z T Y E I U D
W O K C E I Z D N A O Z Y K E K
K A E A R Q J Q Z F I U K K Y C
S I O S T R A K R Ó C K V P W Ł
L F P I C S Z R Z Y H E C I W C
G P Ł K A G U X C U Ż O N A J N
O J S C I S F F H Z Ł B I H G L
```

PRZODEK	MACIERZYŃSKI
BABCIA	MATKA
DZIECKO	WNUK
DZIECI	OJCIEC
ŻONA	OJCOWSKI
CÓRKA	KUZYN
DZIECIŃSTWO	SIOSTRZENICA
SIOSTRA	BRATANEK
BRAT	CIOTKA
MĄŻ	WUJEK

53 - Férias #2

```
C W L P K Y G M I W I S F O J R
U I O O L E T O H Y G A V Z J U
D Z T T A A G N I P M E K Z R Ł
Z A N B A I Ż J N O E Z R O M T
O O I X G C Ó A A C J W Y Q A A
Z A S Z Z Ę R T M Z C E Y F P X
I J K R V J D J I Y A K N S A I
E C O T E D O S O N K P Y F P E
M A F Z R Z P P T E A L T N J A
I R Ł H R B E O N K W F T E T X
E U G L J H A R I V P G E C G A
C A G Q H D L M W Z C Ó K F Ł G
R T R O P Z S A P A K R N S I P
D S L F U E A V O M C Y K L L J
E E Y Y Z F C L T L O J I W W Z
T R A N S P O R T P N F E J P K
```

KEMPING
LOTNISKO
CUDZOZIEMIEC
WAKACJE
ZDJĘCIA
HOTEL
WYSPA
WYPOCZYNEK
MAPA
MORZE

GÓRY
PASZPORT
PLAŻA
REZERWACJE
RESTAURACJA
TAXI
NAMIOT
TRANSPORT
PODRÓŻ
WIZA

54 - Edifícios

```
X  U  W  N  G  S  T  A  D  I  O  N  O  J  A  M
K  P  R  B  A  Ł  O  K  Z  S  B  I  Q  D  F  Y
E  M  U  I  R  O  T  A  W  R  E  S  B  O  B  T
L  Z  V  Ł  A  S  U  P  E  R  M  A  R  K  E  T
E  A  A  Y  Ż  N  G  G  Ł  E  H  E  T  Ł  K  E
T  Ż  B  M  U  E  Z  U  M  C  M  B  A  A  E  T
O  E  S  O  E  T  E  E  G  K  Z  Ł  E  P  D  Y
H  I  X  W  R  K  N  A  M  I  O  T  T  A  J  S
K  W  W  F  S  A  N  I  B  A  K  F  R  X  R
T  I  C  V  Z  Ł  T  T  V  V  F  P  A  T  X  E
D  C  N  Z  P  O  E  O  M  L  Y  L  B  A  W  W
N  Z  V  O  I  D  E  Ł  R  Y  I  R  R  M  L  I
C  F  O  Y  T  O  V  R  N  I  B  D  Y  E  P  N
A  M  S  U  A  T  X  M  P  H  U  D  K  N  H  U
W  B  X  Y  L  S  D  S  U  V  N  M  A  T  K  K
C  P  H  E  S  W  A  M  B  A  S  A  D  A  K  R
```

APARTAMENT
KABINA
ZAMEK
STODOŁA
KINO
AMBASADA
SZKOŁA
STADION
FABRYKA
GARAŻ

SZPITAL
HOTEL
LABORATORIUM
MUZEUM
OBSERWATORIUM
SUPERMARKET
TEATR
NAMIOT
WIEŻA
UNIWERSYTET

55 - Aventura

```
N Z Ł T H X H U D N O W Y X N K
A J Z A K O Ł M Z A J Z U T N E
T I O T S O B M I T W Ł Q D W I
U S Y C Ą J U K A K S A Z O Y N
R T Z V C Y Ł L Ł P H K P D Z A
A P R A S L O I A O G Z R W W W
J W O U N U K X L D Q C Z A A O
C B Ł F D S U T N R X E Y G N T
A Z E V U N A K O Ó A I J A I O
G O B A Ł P O T Ś Ż K C A O A G
I W S A H U I Ś Ć E X Y C H Ł Y
W A Q D V I W Ę Ć U G W I U L Z
A N J B I F Y Ł K Y W Z E I N R
N R A D O Ś Ć F Y N N Z L D E P
K C W P D K K S E Z O H E H H X
N I E B E Z P I E C Z N Y G V U
```

RADOŚĆ	NIEZWYKŁY
PRZYJACIELE	NATURA
DZIAŁALNOŚĆ	NAWIGACJA
PIĘKNO	NOWY
ODWAGA	OKAZJA
SZANSA	NIEBEZPIECZNY
WYZWANIA	PRZYGOTOWANIE
TRUDNOŚĆ	ZASKAKUJĄCY
ENTUZJAZM	PODRÓŻE
WYCIECZKA	

56 - Cidade

```
M A V X E A I R E L A G Ł U E A
U Ł L D F U P J P N T E T I P J
C S X Z E V R T A E T Y P N G T
M U Z E U M W X E S T H Z Q L F
B C G Z B B A N K K B Z F J Ł E
K S I Ę G A R N I A A Ł O K Z S
R E S T A U R A C J A H K B I P
U N I W E R S Y T E T H O O Z L
O Y D Ł I B S T A D I O N T V S
K W I A C I A R Z L A Q F T E F
S S U P E R M A R K E T K Y J L
I A T Ł V I J P I E K A R N I A
N K L B I B L I O T E K A T Q J
T S Z O I K Q J A H N S M Q Z B
O V R J N K I N O J Y T H L L D
L J W P A X G Y K E R M N L Ł X
```

LOTNISKO
BANK
BIBLIOTEKA
KINO
SZKOŁA
STADION
APTEKA
KWIACIARZ
GALERIA
HOTEL

ZOO
KSIĘGARNIA
RYNEK
MUZEUM
PIEKARNIA
RESTAURACJA
SALON
SUPERMARKET
TEATR
UNIWERSYTET

57 - Música

```
I  Ł  Ł  I  W  J  I  H  B  S  U  H  U  U  Y  V
N  N  E  F  G  T  X  W  R  K  L  A  R  E  P  O
O  A  S  T  F  K  U  Z  K  Y  I  R  J  H  M  N
F  Ś  G  T  D  F  V  M  U  Z  R  M  C  H  Ó  R
O  T  P  R  R  E  X  K  M  U  Y  O  P  M  E  T
R  C  D  I  A  U  R  Y  T  M  C  N  J  A  U  O
K  L  U  U  E  N  M  S  K  O  Z  I  J  X  R  K
I  H  Q  H  H  W  I  E  X  X  N  A  Ł  R  U  X
M  A  L  B  U  M  A  E  N  Y  Y  D  S  S  N  A
W  O  K  A  L  Y  W  Ć  N  T  D  A  S  V  Ł  V
P  I  O  S  E  N  K  A  R  Z  U  L  A  A  Z  F
M  E  L  O  D  I  A  Q  B  V  Z  L  F  P  H  P
A  P  O  E  T  Y  C  K  I  R  G  A  S  J  K  M
M  U  S  I  C  A  L  F  S  W  Ł  B  C  P  W  W
I  M  P  R  O  W  I  Z  O  W  A  Ć  W  Q  V  K
W  Q  D  W  F  Q  K  K  L  A  S  Y  C  Z  N  Y
```

ALBUM	LIRYCZNY
BALLADA	MELODIA
ŚPIEWAĆ	MIKROFON
PIOSENKARZ	MUSICAL
KLASYCZNY	MUZYK
CHÓR	OPERA
NAGRANIE	POETYCKI
HARMONIA	RYTM
IMPROWIZOWAĆ	TEMPO
INSTRUMENT	WOKAL

58 - Matemática

```
S  Z  R  A  Y  Ł  D  A  P  O  T  S  O  R  P  T
T  R  Ó  J  K  Ą  T  I  O  O  K  U  L  L  Y  W
Ą  R  X  A  D  Ń  R  R  Z  F  K  M  N  N  Ś  M
K  A  K  Y  T  E  M  T  Y  R  A  A  X  L  R  F
O  I  Ą  O  P  I  Q  E  K  O  B  W  Ó  D  E  Z
L  R  T  Z  B  M  S  M  B  W  G  H  Z  M  D  L
E  T  Y  U  Z  O  V  O  U  L  A  H  S  R  N  V
I  E  Ł  Q  G  R  Ł  E  Ł  R  M  D  M  L  I  J
W  M  G  L  K  P  W  G  T  Q  H  J  R  E  C  O
A  Y  E  Ł  W  V  Ł  B  E  J  U  F  U  A  A  D
J  S  L  J  S  Z  P  F  M  L  N  Q  V  U  T  C
C  W  O  Ł  R  S  T  B  Ć  Ś  O  T  Ę  J  B  O
K  I  N  D  A  Ł  K  Y  W  B  S  N  F  N  A  M
A  X  W  P  R  O  S  T  O  K  Ą  T  W  W  X  S
R  H  Ó  D  Z  I  E  S  I  Ę  T  N  Y  Ó  L  S
F  P  R  R  Ó  W  N  A  N  I  E  B  W  M  R  K
```

ARYTMETYKA
KĄTY
OBWÓD
DZIESIĘTNY
ŚREDNICA
RÓWNANIE
WYKŁADNIK
FRAKCJA
GEOMETRIA
RÓWNOLEGŁY

RÓWNOLEGŁOBOK
PROSTOPADŁY
WIELOKĄT
KWADRAT
PROMIEŃ
PROSTOKĄT
SYMETRIA
SUMA
TRÓJKĄT
OBJĘTOŚĆ

59 - Saúde e Bem Estar #1

```
Z N E R W Y P F Ł V J B C G S L
E A Z U B N O A H V J O W B H O
E B O R G O S A C J N P O E R A
Y K G P I M T M U U S J H R E Z
S U R I W R A I R E T K A B L Ł
X K V T N O W V D A Ł W K H A A
M G Ó N S H A F O O T Y E L K M
L E Z R E B V Q F Y T S T Z S A
E H D C A I P A R E T O P G L N
C O V Y L L M S Ł E R K A F J I
Z J I N C E O C Q J I O C L F E
E Q E W M Y K J J I C Ś O K J Y
N N K Y W A N A M S G Ć C W X C
I G Z T Ł O I A R G Ł Ó D N W L
E G F K J W K U U Z X K K W K Q
S K R A K I N I L K Y G I Ł O P
```

WYSOKOŚĆ
AKTYWNY
BAKTERIA
KLINIKA
LEKARZ
APTEKA
GŁÓD
ZŁAMANIE
NAWYK
HORMONY

MEDYCYNA
NERWY
KOŚCI
SKÓRA
POSTAWA
ODRUCH
RELAKS
TERAPIA
LECZENIE
WIRUS

60 - Imigração

```
D I V E X X Z H T L I U V X Q S
O K L D U V K Ł S O L B H A D A
K O N Ś P P Q K Y Y J H Q D J H
U M E M O W A R P H T W L N F Y
M U G J M R E C I F O U C G O A
E N O K O Z O P I E Ł S A N R E
N I C H C X X D E B D J M C Q I
T K J O C H R O N A Ł Z D Q J N
Y A A T A B O R P A Y N I M Ł A
Y C C G R A N I C E V Z E E Z Z
X J J P R O C E S W R J K T C Ą
O A A F I N A N S O W A N I E I
A D M I N I S T R A C J A O U W
S T R E S P J Ę Z Y K B G W N Z
S J Y F R V O X T E R M I N E O
P E P Z W N P M A N Ł T Ł M I R
```

ADMINISTRACJA
DOROŚLI
POMOC
APROBATA
KOMUNIKACJA
DZIECI
DOKUMENTY
STRES
FINANSOWANIE
GRANICE

PRAWO
JĘZYK
NEGOCJACJA
OFICER
TERMIN
PROCES
OCHRONA
SYTUACJA
ROZWIĄZANIE

61 - Natureza

```
E S R Z B A A S S Ł D W L D S C
R O C U B N V U A Ł M C R D Z H
O C S H T R O P I K A L N Y Y M
Z M U I R A U T K N A S K G U U
J T B A M O A K E Z R D S Y N R
A L I Ś C I N Z W I E R Z Ą T Y
I X V K L M J I L O D O W I E C
N I Z S T Ł O K E X L A S T A R
Y L C P N Ł K I S N L A I I R D
T C B O L G O Z P M I J A M K Y
S O N K Ę I P D W G K E R L T L
U Z O O A Q S V J Ł P U Y X Y R
P I G J V F F P T A A Q C T C D
Q Y L N D Y N A M I C Z N Y Z G
U N X Y Ł O Z C Z S P L W K N Z
I S T O T N E I O Z N I L T Y B
```

PSZCZOŁY	LODOWIEC
SCHRONIENIE	MGŁA
ZWIERZĄT	CHMURY
ARKTYCZNY	SPOKOJNA
PIĘKNO	RZEKA
PUSTYNIA	SANKTUARIUM
DYNAMICZNY	DZIKI
EROZJA	SPOKOJNY
LAS	TROPIKALNY
LIŚCI	ISTOTNE

62 - A Empresa

```
Y  F  C  R  O  S  Ś  M  Y  E  K  R  A  D  D  T
H  I  W  Y  N  I  C  W  O  V  G  X  Z  R  B  W
E  S  H  Z  U  W  M  Y  I  Ż  G  W  Q  Y  I  Ó
R  E  U  Y  B  O  S  A  Z  A  L  T  G  N  Z  R
U  E  V  K  P  O  S  T  Ę  P  T  I  P  P  N  C
F  T  P  A  J  Z  Y  C  E  D  F  O  W  K  E  Z
C  K  O  U  P  R  Z  Y  C  H  Ó  D  W  O  S  Y
D  A  I  K  T  S  O  N  D  E  J  W  C  Y  Ś  M
W  K  Y  N  L  A  N  O  J  S  E  F  O  R  P  Ć
T  R  E  N  D  Y  C  Ł  Y  H  X  P  Y  X  J  Ś
Y  M  I  A  U  J  W  J  T  N  N  R  C  R  W  O
P  R  Z  E  M  Y  S  Ł  A  B  B  O  U  G  N  K
P  R  E  Z  E  N  T  A  C  J  A  D  E  A  W  A
I  N  N  O  W  A  C  Y  J  N  Y  U  K  V  M  J
I  N  W  E  S  T  Y  C  J  A  O  K  Y  G  G  H
G  H  E  I  N  E  I  N  D  U  R  T  A  Z  O  G
```

PREZENTACJA	PRODUKT
TWÓRCZY	PROFESJONALNY
DECYZJA	POSTĘP
ZATRUDNIENIE	JAKOŚĆ
ŚWIATOWY	PRZYCHÓD
PRZEMYSŁ	ZASOBY
INNOWACYJNY	REPUTACJA
INWESTYCJA	RYZYKA
BIZNES	TRENDY
MOŻLIWOŚĆ	JEDNOSTKI

63 - Doença

```
O  D  D  E  C  H  O  W  Y  K  B  H  L  I  O  M
Q  G  F  E  Y  P  Ł  U  C  N  Y  Ł  Ę  E  O  N
V  Ł  V  X  U  E  C  R  E  S  W  F  D  R  P  E
Z  A  R  A  Ź  L  I  W  Y  Y  Ł  B  Ź  F  Y  U
O  M  O  A  J  O  C  N  N  G  B  I  W  Z  N  R
F  D  Z  I  B  V  Ś  C  E  O  O  W  I  B  Z  O
D  T  P  X  G  R  O  I  G  L  Ł  Z  O  K  C  P
Y  U  K  O  A  Q  K  S  O  S  A  C  W  Ł  Y  A
N  E  I  G  R  E  L  A  T  Y  I  P  Y  C  T  T
Z  P  Y  T  Ł  N  X  E  A  Q  P  F  A  D  E  I
S  Y  K  N  A  D  O  G  P  B  A  L  P  Z  N  A
U  Ł  Ó  P  S  E  Z  Ś  Z  D  R  O  W  I  E  F
Z  T  A  U  A  P  P  K  Ć  B  E  Y  Ł  R  G  Ł
R  G  E  B  C  I  A  Ł  O  T  T  H  N  D  M  G
B  D  I  W  Y  N  Z  C  I  Z  D  E  I  Z  D  O
C  H  R  O  N  I  C  Z  N  Y  A  M  V  C  L  I
```

BRZUSZNY
ALERGIE
ZARAŹLIWY
SERCE
CIAŁO
CHRONICZNY
SŁABY
GENETYCZNY
DZIEDZICZNY
ODPORNOŚĆ

ZAPALENIE
LĘDŹWIOWY
NEUROPATIA
KOŚCI
PATOGENY
PŁUCNY
ODDECHOWY
ZDROWIE
ZESPÓŁ
TERAPIA

64 - Aquecimento Global

```
P  P  R  R  N  K  F  E  M  D  K  W  G  M  O  G
R  R  L  O  Z  P  L  A  N  B  R  X  M  W  F  Ś
Z  Z  A  G  Z  D  A  I  N  E  L  O  K  O  P  R
Y  E  N  B  Q  W  W  B  M  U  R  C  D  X  Ł  O
S  M  J  D  L  D  Ó  Y  Y  A  K  G  Ł  K  P  D
Z  Y  X  U  Y  B  U  J  A  B  T  H  I  U  C  O
Ł  S  B  Q  N  U  W  A  G  A  I  I  R  A  V  W
O  Ł  I  G  Z  A  R  E  T  K  R  Y  Z  Y  S  I
Ś  M  E  J  C  A  L  U  P  O  P  D  A  N  E  S
Ć  S  J  V  Y  S  I  E  D  L  I  S  K  A  M  K
K  K  O  W  T  S  W  A  D  O  W  A  T  S  U  O
K  Z  L  I  K  N  A  U  K  O  W  I  E  C  D  J
W  N  E  P  R  Z  Ą  D  I  G  D  Ł  C  D  V  B
Y  R  U  T  A  R  E  P  M  E  T  C  L  N  H  Q
K  O  N  S  E  K  W  E  N  C  J  E  Y  D  T  L
Q  S  P  P  R  G  M  P  I  C  Y  B  W  Z  Y  U
```

TERAZ
ŚRODOWISKO
UWAGA
ARKTYCZNY
NAUKOWIEC
KLIMAT
KONSEKWENCJE
KRYZYS
DANE
ROZWÓJ

ENERGIA
PRZYSZŁOŚĆ
GAZ
POKOLENIA
RZĄD
SIEDLISKA
PRZEMYSŁ
USTAWODAWSTWO
POPULACJE
TEMPERATURY

65 - Aviões

```
C T T N V P Q M Y Z M H L X H K
T V E F G R V J J W A I L G X Z
Q J V J B Z N A R E F S O M T A
K D M L Ł Y C F Ł U T T X Ł O N
I P W Q C G P I L O T O B E I N
E I N A W O D Ą L A C R I Z J Z
R W X C D D R V E H L I P E E A
U N S O Ć A W O G I W A N J N Ł
N H N Ł N A D M U C H A Ć Ś P O
E P O W I E T R Z E B W Ś C A G
K P L K T F A O Y X U O O I S A
X L A S I L N I K C D D K E A M
V E B L F E T M E P O Ó O Y Ż Ł
V J F X I P R F D Y W R S Ł E P
A K H J N W U M N S A I Y K R C
X F F S V T O L X H I D W E U D
```

WYSOKOŚĆ
POWIETRZE
LĄDOWANIE
ATMOSFERA
PRZYGODA
BALON
NIEBO
PALIWO
BUDOWA
ZEJŚCIE

KIERUNEK
WODÓR
HISTORIA
NADMUCHAĆ
SILNIK
NAWIGOWAĆ
PASAŻER
PILOT
ZAŁOGA

66 - Tipos de Cabelo

```
N A R Z Ł B Ł L O K I S H U S K
T O I T A L R P X Z P R J T U H
S U I F C Q N Ą W N K E J C C F
B P D E B F G Y Z Y X B M F H D
P E V E D F Q Q W O L R I A Y Ł
B Ł Y S Z C Z Ą C Y W O Ę L Ł U
B P R K O L O R O W E Y K I A G
U L Ł S Y X K W J R B K S I I
W E O V N N P I O C D U I T B E
X B B N Z R Ł L A J F R Y Y Z K
G C S N D A C F E E M G N K D R
S Z A R Y Z I M Ł C W Z D Z R Ę
V Q Z K X C E L N Y I J V J O C
Ł L S Z K Y N Q O F Ł O O K W O
F D E Z C O K R A W T V N H Y N
Q K E Q Y W I I N Z S Q G Y N E
```

BIAŁY	DŁUGIE
BŁYSZCZĄCY	BRĄZOWY
LOKI	FALISTY
ŁYSY	SREBRO
SZARY	CZARNY
KOLOROWE	ZDROWY
KRĘCONE	SUCHY
CIENKI	MIĘKKI
GRUBY	PLECIONY
BLOND	WARKOCZE

67 - Criatividade

```
I  K  N  S  W  Y  R  A  Ż  E  N  I  E  K  U  Ł
N  G  V  P  Y  W  Y  N  A  L  A  Z  C  Z  Y  M
T  Ć  Ś  O  N  T  Ę  J  E  I  M  U  G  Ł  L  W
E  Ś  U  N  Z  A  R  B  O  W  R  S  E  U  D  W
N  O  C  T  C  I  Z  D  I  V  U  B  J  E  S  I
S  N  Z  A  Y  A  Q  Y  T  Q  L  Y  C  Q  B  Z
Y  Z  U  N  T  A  I  N  Ź  A  R  B  O  Y  W  J
W  C  C  I  S  H  U  Z  U  J  K  K  M  T  C  E
N  Y  I  C  Y  L  Q  C  N  C  O  B  E  B  M  I
O  T  A  Z  T  G  R  Y  V  I  Z  Z  R  Z  V  N
Ś  N  B  N  R  E  G  T  S  U  M  U  S  K  Z  E
Ć  E  U  Y  A  R  V  A  R  T  U  X  C  B  H  Ż
P  T  B  C  S  F  Ł  M  B  N  C  V  T  I  L  A
Y  U  E  W  A  J  C  A  R  I  P  S  N  I  E  R
J  A  W  T  Q  D  G  R  K  B  Q  Z  Ł  A  A  W
Y  K  L  V  G  B  B  D  P  Ł  Y  N  N  O  Ś  Ć
```

ARTYSTYCZNY
AUTENTYCZNOŚĆ
DRAMATYCZNY
EMOCJE
SPONTANICZNY
WYRAŻENIE
PŁYNNOŚĆ
UMIEJĘTNOŚĆ
OBRAZ

WYOBRAŹNIA
WRAŻENIE
INSPIRACJA
INTENSYWNOŚĆ
INTUICJA
WYNALAZCZY
UCZUCIE
UCZUCIA
WIZJE

68 - Dias e Meses

```
N  I  E  D  Z  I  E  L  A  X  O  P  Y  H  F  G
A  U  W  X  H  E  T  K  E  T  R  A  W  Z  C  R
K  A  L  E  N  D  A  R  Z  J  W  Ź  W  H  E  U
S  I  E  R  P  I  E  Ń  K  X  T  D  F  D  I  D
Y  M  N  P  M  N  P  A  E  X  O  Z  N  Y  W  Z
O  C  R  I  P  P  P  N  Ł  M  R  I  E  R  R  I
K  W  I  E  C  I  E  Ń  A  O  E  E  S  C  E  E
S  L  D  A  P  O  T  S  I  L  K  R  T  A  Z  Ń
W  O  C  M  M  K  Q  Y  Z  O  I  N  Y  K  C  Y
U  R  B  B  C  Q  G  T  D  E  C  I  C  Y  Ł  C
V  W  Z  O  R  O  K  U  E  Z  Ą  K  Z  O  H  C
G  L  M  E  T  B  G  L  I  W  I  Ł  E  A  U  N
N  B  Z  U  S  A  W  K  N  M  S  E  Ń  L  L  J
E  Y  X  C  U  I  D  Y  O  E  E  H  Ń  C  S  F
P  I  Ą  T  E  K  E  Y  P  Q  I  Q  A  R  S  W
L  I  P  I  E  C  Y  Ń  C  W  M  V  N  W  B  K
```

KWIECIEŃ   MIESIĄC
SIERPIEŃ   LISTOPAD
ROK   PAŹDZIERNIK
KALENDARZ   CZWARTEK
GRUDZIEŃ   SOBOTA
NIEDZIELA   PONIEDZIAŁEK
LUTY   TYDZIEŃ
STYCZEŃ   WRZESIEŃ
LIPIEC   PIĄTEK
CZERWIEC   WTOREK

69 - Saúde e Bem Estar #2

```
Ł  K  U  Z  U  I  A  Z  H  C  W  S  S  I  Q  J
A  Z  K  J  Y  D  J  N  W  H  A  G  M  E  I  F
C  I  A  Ł  O  J  B  Ł  U  O  Ż  A  S  A  M  Z
W  I  T  A  M  I  N  A  K  R  G  N  O  T  Z  U
P  B  M  W  B  W  I  E  M  O  S  A  G  R  H  Z
A  J  C  K  E  F  N  I  I  B  U  T  C  A  P  K
K  Z  A  Q  N  R  K  N  B  A  H  O  V  W  X  H
Y  F  A  P  E  K  K  E  J  L  R  M  Y  I  H  O
T  I  L  D  R  N  K  I  N  A  G  I  R  E  V  Z
E  I  E  I  G  K  H  N  A  T  P  A  J  N  O  H
N  A  R  E  I  A  U  D  S  I  X  E  W  I  E  U
E  N  G  T  A  L  K  O  T  P  E  U  T  E  D  W
G  U  I  A  G  O  Q  W  R  Z  H  W  Z  Y  B  Q
A  N  A  F  W  R  W  D  Ó  S  N  A  F  R  T  Ł
F  L  Q  Q  B  I  A  O  J  Z  D  R  O  W  Y  D
J  H  X  I  K  A  N  E  I  G  I  H  M  P  R  Z
```

ALERGIA
ANATOMIA
APETYT
KALORIA
CIAŁO
ODWODNIENIE
DIETA
TRAWIENIE
CHOROBA
ENERGIA

GENETYKA
HIGIENA
SZPITAL
NASTRÓJ
INFEKCJA
MASAŻ
WAGA
KREW
ZDROWY
WITAMINA

70 - Geografia

```
W  M  E  R  A  D  Z  M  H  Y  F  Y  F  B  W  P
Y  U  X  X  D  M  Q  A  D  Y  F  C  M  M  G  Ó
S  I  Z  N  B  J  V  S  Q  Q  O  F  Y  T  C  Ł
O  R  F  V  E  N  G  P  U  S  O  D  O  Y  J  K
K  O  Y  D  Y  G  R  Z  T  D  Ó  H  C  A  Z  U
O  T  B  T  S  K  W  M  A  P  A  R  E  V  V  L
Ś  Y  B  O  H  B  Y  P  I  W  A  J  A  R  K  A
Ć  R  K  U  M  K  S  O  W  A  C  O  N  Ł  Ó  P
R  E  G  I  O  N  P  Ł  Ś  T  M  Z  K  S  D  V
W  T  G  Ó  R  A  A  U  J  L  H  O  N  D  D  K
R  N  G  B  H  V  D  D  Q  A  C  P  R  M  O  U
R  Ó  W  N  I  K  Ł  N  X  S  J  R  T  Z  J  M
I  O  B  T  A  V  D  I  U  V  B  R  Z  K  E  X
V  M  B  S  N  X  E  K  K  U  G  H  T  E  X  K
O  H  Y  D  P  O  Ł  U  D  N  I  E  Ł  E  K  W
M  I  A  S  T  O  K  O  N  T  Y  N  E  N  T  A
```

WYSOKOŚĆ	GÓRA
ATLAS	ŚWIAT
MIASTO	PÓŁNOC
KONTYNENT	OCEAN
RÓWNIK	ZACHÓD
PÓŁKULA	KRAJ
WYSPA	REGION
MAPA	RZEKA
MORZE	POŁUDNIE
POŁUDNIK	TERYTORIUM

71 - Antártica

```
N  J  Z  Ł  J  A  K  O  T  A  Z  E  O  E  M  T
S  A  A  A  D  O  W  O  F  O  D  J  R  W  I  E
K  J  U  F  T  A  I  A  N  O  R  H  C  O  N  M
A  C  V  K  S  O  K  U  S  T  I  B  C  V  E  P
L  A  U  P  O  A  C  Y  M  W  Y  A  Q  B  R  E
I  R  W  A  Ś  W  V  Z  L  O  X  N  P  S  A  R
S  G  T  K  R  A  Y  C  K  Q  Ł  G  E  F  Ł  A
T  I  S  U  O  R  P  N  U  A  R  T  S  N  Y  T
Y  M  H  X  D  P  S  H  G  I  M  E  Y  B  T  U
R  L  Ó  D  O  Y  Y  X  P  F  P  W  W  A  Q  R
X  F  D  Y  W  W  W  A  Q  A  B  W  Ł  D  B  A
Ł  O  S  H  I  E  R  Q  J  R  X  Ł  Ó  A  J  T
K  Q  B  E  S  Y  N  I  W  G  N  I  P  C  R  F
Q  M  W  Ł  K  J  J  D  L  O  W  F  J  Z  W  E
Z  J  J  W  O  W  L  W  Z  E  C  W  O  D  O  L
H  T  Z  C  A  I  F  A  R  G  O  P  O  T  O  H
```

ŚRODOWISKO	GEOGRAFIA
WODA	WYSPY
ZATOKA	BADACZ
NAUKOWY	MIGRACJA
OCHRONA	MINERAŁY
KONTYNENT	PÓŁWYSEP
ZATOCZKA	PINGWINY
WYPRAWA	SKALISTY
LODOWCE	TEMPERATURA
LÓD	TOPOGRAFIA

72 - Flores

```
P  Q  Y  W  L  P  N  P  Q  M  A  Q  K  G  Y  W
H  L  I  K  N  O  Ż  N  E  A  S  M  O  X  A  I
I  E  U  F  O  P  R  I  C  V  Q  B  M  A  P  O
B  A  F  M  T  M  D  O  A  D  V  N  W  K  L  E
I  I  S  P  E  N  L  A  W  E  N  D  A  T  X  D
S  L  W  D  I  R  X  R  R  L  I  L  I  O  W  Y
K  O  J  T  K  X  I  D  M  O  M  W  L  R  X  M
U  N  R  U  U  M  K  A  L  N  Ś  X  I  K  C  G
S  G  B  C  B  A  S  Ż  A  A  A  Ł  L  O  X  A
A  A  J  Y  H  K  T  Ó  X  P  J  F  I  T  F  R
R  M  X  O  B  I  P  R  Q  I  Ł  B  X  S  H  D
Z  N  U  B  K  O  D  O  G  L  D  A  M  G  U  E
P  I  W  O  N  I  A  E  N  U  G  R  T  F  D  N
P  Y  L  D  D  L  O  G  A  T  A  D  A  E  D  I
S  Ł  O  N  E  C  Z  N  I  K  J  K  N  S  K  A
X  C  J  P  L  K  O  N  I  C  Z  Y  N  A  H  S
```

BUKIET	ŻONKIL
GARDENIA	ORCHIDEA
SŁONECZNIK	MAK
HIBISKUS	PIWONIA
JAŚMIN	PŁATEK
LAWENDA	PLUMERIA
LILIOWY	RÓŻA
LILIA	KONICZYNA
MAGNOLIA	TULIPAN
STOKROTKA	

73 - Fazenda #1

```
R K U J P U O C L X L I E B K Q
A R T N R D X V C G J Q O M Q A
G J K A Ł O Z C Z S P Z W B X Y
Ł I R W O W G I B Q I Q Q H D M
C M U E V T J E N H D I W C P P
O O P T X C K U R C Z A K Z I P
C O Y Z E I N E Z D O R G O E M
Ł V Ł C D N K Ł G Ó G D H W S J
E X H H F L B O T I L A A H S K
W F A C K O J I X M V D D T A I
N K W T B R M S I A N O Z K S D
A N O R W Y P O L E Ś W I N I A
W H R Ł D Ż T T M Z W A N S U W
Ó C K C I E L Ę N H J K K K V B
Z P O C C H R H Z E I P O H M T
P T T K O Z A R B Z P G W Ń B Y
```

PSZCZOŁA
ROLNICTWO
RYŻ
WODA
CIELĘ
OSIOŁ
KOZA
POLE
KOŃ
PIES

OGRODZENIE
WRONA
SIANO
NAWÓZ
KURCZAK
KOT
MIÓD
ŚWINIA
STADO
KROWA

74 - Livros

```
H  C  E  K  O  L  I  S  G  I  H  A  I  R  E  S
I  E  Z  C  F  I  R  T  V  C  P  D  O  O  K  T
S  R  K  Y  E  L  Ł  R  C  X  R  O  Q  T  O  R
T  F  D  Z  T  C  R  O  T  U  A  G  D  A  L  A
O  K  P  C  S  E  Z  N  R  X  J  Y  L  R  E  G
R  V  N  Z  K  O  L  A  O  R  Z  Z  Z  R  K  I
Y  W  T  A  E  V  R  N  Q  F  E  R  M  A  C  C
C  Q  A  L  T  Ć  Ś  E  I  W  O  P  H  N  J  Z
Z  N  S  A  N  G  Ł  F  K  K  P  K  I  Y  A  N
N  Ł  T  N  O  Z  D  O  C  E  Ł  P  D  C  V  Y
Y  Z  K  Y  K  P  U  Z  A  O  Z  H  A  R  K  J
V  V  D  W  D  T  A  I  R  O  T  S  I  H  S  I
Q  C  Ł  C  I  U  L  M  E  P  I  S  E  M  N  Y
W  S  I  W  G  H  I  O  T  I  S  T  O  T  N  E
W  I  E  R  S  Z  Z  G  I  R  R  X  H  I  C  Z
R  Ł  H  E  W  X  M  E  L  Y  Ł  S  G  B  P  W
```

AUTOR	CZYTELNIK
PRZYGODA	LITERACKI
KOLEKCJA	NARRATOR
KONTEKST	STRONA
DUALIZM	WIERSZ
PISEMNY	POEZJA
EPICKI	ISTOTNE
HISTORIA	POWIEŚĆ
HISTORYCZNY	SERIA
WYNALAZCZY	TRAGICZNY

75 - Governo

```
K X I B D W H F Y D W N R P N M
R R L Ł R V M N W C X L A K I V
I J A J C U T Y T S N O K I E O
Z A W J U H L N R H E B Y A Z C
A G Ł L O G L L M J M M T P A Ł
C Q Z O V W O I S H Y Y I Y L Y
I P R A W O E W X T B S L S E I
N A R Ó D Q W Y S K Y E O L Ż F
L J U C A K G C A S N C P Y N A
E R Ó W N O Ś Ć L I D E R Ł O Z
I E H A J S U K S Y D C T B Ś I
Z W P R O P O M N I K J G W Ć E
D O U O K A J C A R K O M E D I
B S Ą D O W Y S T A N H Y O L M
L H O K P W O L N O Ś Ć S A W P
G O W T S L E T A W Y B O X T A
```

OBYWATELSTWO	SĄDOWY
CYWILNY	PRAWO
KONSTYTUCJA	WOLNOŚĆ
DEMOKRACJA	LIDER
MOWA	POMNIK
DYSKUSJA	KRAJOWE
DZIELNICA	NARÓD
STAN	SPOKOJNA
RÓWNOŚĆ	POLITYKA
NIEZALEŻNOŚĆ	SYMBOL

76 - Jardinagem

```
S  L  P  Y  N  Z  C  I  N  A  T  O  B  I  G  A
E  I  O  U  N  A  P  Ć  J  B  K  E  E  Ł  C  B
Z  Ś  J  E  V  D  S  Ś  B  E  S  A  D  Y  C  Q
O  C  E  Y  U  O  M  I  Ć  L  R  G  W  Y  K  T
N  I  M  F  E  W  B  L  O  G  A  T  U  N  E  K
O  I  N  G  R  W  U  Q  G  N  J  S  V  Z  S  X
W  Q  I  G  C  R  K  T  L  T  A  O  K  C  W  K
Y  J  K  K  G  D  I  S  I  X  B  P  W  Y  R  G
B  X  Y  I  X  H  E  D  W  X  N  M  I  T  J  T
F  H  C  Ć  Ą  N  T  I  W  K  J  O  A  O  D  A
B  B  S  W  P  Ł  L  A  U  Q  A  K  T  Z  H  E
P  R  K  Ą  M  K  R  R  M  F  D  A  O  G  P  A
D  Q  U  Ż  J  V  W  G  S  I  A  M  W  E  U  Z
C  Z  F  D  P  Q  F  E  K  M  L  N  Y  V  D  J
U  C  C  W  W  Y  E  H  B  M  N  K  E  V  L  J
T  U  Y  T  E  Ł  U  J  M  C  Y  X  M  B  Ł  C
```

WODA	LIŚĆ
BOTANICZNY	LIŚCI
BUKIET	WĄŻ
KLIMAT	SAD
JADALNY	POJEMNIK
KOMPOST	SEZONOWY
GATUNEK	NASIONA
EGZOTYCZNY	GLEBA
KWITNĄĆ	BRUD
KWIATOWY	WILGOĆ

77 - Profissões #2

```
Q  O  I  R  F  X  P  K  U  A  Y  R  N  Z  W  A
G  S  F  O  Z  O  L  I  F  J  T  N  Y  G  Y  S
D  L  T  L  H  R  U  N  L  E  K  A  R  Z  N  T
E  S  E  N  X  W  D  D  G  D  E  K  A  E  A  R
X  K  A  I  T  L  P  O  E  E  X  L  D  I  L  O
E  J  V  K  C  I  S  R  A  N  R  P  T  R  A  N
I  B  E  C  M  Y  C  G  I  T  O  L  I  P  Z  A
I  A  C  W  A  N  Z  O  K  Y  Z  Ę  J  N  C  U
C  H  I  R  U  R  G  C  L  S  Q  X  I  W  A  T
Z  B  B  S  M  G  W  G  U  T  D  Y  W  T  R  A
O  I  W  A  V  A  B  V  F  A  R  G  O  T  O  F
O  O  S  G  D  K  L  F  J  C  N  F  F  T  H  A
L  L  F  Q  O  A  J  A  I  N  Ż  Y  N  I  E  R
O  O  V  F  L  M  C  U  R  E  R  I  C  Z  M  X
G  G  J  G  Ł  Y  C  Z  Y  Z  R  C  W  Q  M  D
B  I  B  L  I  O  T  E  K  A  R  Z  G  N  H  X
```

ROLNIK	WYNALAZCA
ASTRONAUTA	BADACZ
BIBLIOTEKARZ	OGRODNIK
BIOLOG	JĘZYKOZNAWCA
CHIRURG	LEKARZ
DENTYSTA	PILOT
INŻYNIER	MALARZ
FILOZOF	NAUCZYCIEL
FOTOGRAF	ZOOLOG

78 - Café

```
Z G K K Ł P S D A N A I M D O W
D S R P P H M A B R L P F P Y Q
R D E I D T Q E I X O Y Q T E H
B S M E Q P F I U Ć A M A X P W
A Z P C C R A K F D I B A R G O
S C O Z N Q Y E W H P L T T M C
A N C O W O D A C U K I E R K E
C A H N V V F N G O R Z K I E N
I P O Y Q H I I P Z T X H O M A
E Ó D S P S L E S H R K Z Ł A T
C J Z J K J I F F P T A U K W L
Z R E W E L Ż O K E L M N Ł S E
C I N X A M A K Y T I B X O M E
O H I I V A N R L V F Y I Y A C
I M E W U V K B N W L N M N K O
C Z A R N Y A N A Z U X N T Q C
```

CUKIER   MLEKO
GORZKI   CIECZ
AROMAT   RANO
PIECZONY   MIELIĆ
WODA   POCHODZENIE
NAPÓJ   CENA
KOFEINA   CZARNY
FILIŻANKA   SMAK
KREM   ODMIANA
FILTR

79 - Negócios

```
Y A K K D O C H Ó D Z F A T P E
V P A O F I N A N S E P I B K U
Z E R S R P F M C F S R M R V V
L B I Z F U C L J A P A O Q M T
T U E T V Ł I E N B R C N T T A
O Y R F J Ł X B A R Z O O T R B
W A A P C S F Z C Y E W K A P A
A J A E D H Ł F W K D N E G I R
R C F L X X R F A A A I W J E U
Z Y S K R S V N D E Ż K I Ł N G
Y T B S T V N R O M P Y A D I P
Z S B U J V F K C J M Y Y Ł Ą V
L E O L D P O D A T K I I V D R
E W G X V Ż Y E R L L T Q G Z C
O N P F L F E Z P W S Ł X C E B
G I H R T U A T U L A W V E O G
```

KARIERA
KOSZT
RABAT
PIENIĄDZE
EKONOMIA
PRACOWNIK
PRACODAWCA
FIRMA
BIURO
FABRYKA

FINANSE
PODATKI
INWESTYCJA
SKLEP
ZYSK
TOWAR
WALUTA
BUDŻET
DOCHÓD
SPRZEDAŻ

80 - Fazenda #2

```
D K M T B K Y Y C W Z Y Y D F M
V A Ę L U P T T I A R C A O E A
A C I N E Z S P Ą R E O T G I Y
M Z N M C K S O G Z T W L S N R
C K G S W C O W N Y S O K N A B
S A A D O N A T I W A K Ą Ł I L
Ł G J Y P M O E K O P S P N K
F A Z S K U K U R Y D Z A R D M
D T L Ł T D I A Ł I Ń C L Z A N
J T M V Ą O L A M A E Y Q G W D
V V D K Z Q D A S D I A I B A M
S H E R R M D O V S M I Z K N T
X L N I E B F Y Ł A Z R J O D D
J G Ł I I M D W L A C J A I V Z
E I W O W Q K L E Ę I F M Y M
Z F Z H Z K O Z J Q J P B V R U
```

ROLNIK
ZWIERZĄT
STODOŁA
JĘCZMIEŃ
UL
JAGNIĘ
OWOC
NAWADNIANIE
MLEKO
LAMA

DOJRZAŁY
KUKURYDZA
OWCE
PASTERZ
KACZKA
SAD
ŁĄKA
CIĄGNIK
PSZENICA
WARZYWO

81 - Jardim

```
T  R  A  M  P  O  L  I  N  A  S  Y  D  T  L  I
W  P  D  Ł  K  Z  R  E  T  N  V  D  R  Z  Ł  Q
D  Ż  P  B  I  R  L  N  A  L  K  D  Z  Ł  G  D
Ł  A  W  K  A  E  Z  G  I  Ł  W  E  E  F  A  F
S  R  R  E  C  T  M  A  W  A  R  T  W  V  Z  B
I  A  B  E  L  G  A  N  K  J  C  P  O  Y  K  O
N  G  D  I  K  C  G  R  E  D  U  T  O  R  Ł  Y
I  L  Ó  N  T  W  Ł  Q  A  T  A  P  O  Ł  K  E
W  Q  R  E  I  B  A  R  G  S  E  I  S  Ł  R  I
Z  Ł  G  Z  W  K  I  N  W  A  R  T  T  Z  K  Z
Ł  Q  O  D  K  E  J  E  Ą  U  F  H  A  U  N  F
F  E  W  O  Q  N  W  L  Ż  K  C  E  W  X  W  K
V  M  K  R  F  A  Q  B  P  T  C  F  W  Q  O  K
H  H  A  G  C  G  S  Q  Y  C  O  H  J  L  P  X
K  L  Ś  O  R  O  N  I  W  R  H  A  M  A  K  V
I  R  S  K  G  Z  X  Q  I  K  T  E  D  B  B  T
```

GRABIE
KRZAK
DRZEWO
ŁAWKA
OGRODZENIE
KWIAT
GARAŻ
TRAWA
TRAWNIK
OGRÓD

STAW
HAMAK
WĄŻ
ŁOPATA
SAD
GLEBA
TARAS
TRAMPOLINA
GANEK
WINOROŚL

82 - Oceano

```
O  Ł  A  P  O  X  B  N  O  R  J  K  E  T  N  L
U  S  B  G  J  Q  H  L  E  Y  Z  R  B  Ł  U  B
D  K  T  K  J  R  Q  F  Z  T  H  E  N  L  G  A
T  U  P  R  O  L  T  A  Y  Ł  O  W  T  U  N  R
J  F  G  M  Y  R  R  H  X  C  O  E  L  D  F  Y
Y  R  M  A  Ł  G  A  K  B  Ą  G  T  Ż  Ó  Ł  W
X  N  A  Y  G  W  A  L  Ó  S  S  K  S  O  F  Y
A  D  I  F  S  U  B  F  A  L  E  A  A  O  E  Ł
V  N  A  P  A  Y  P  R  Z  C  T  E  R  P  E  P
D  E  L  F  I  N  R  E  U  T  U  Ń  C  Z  Y  K
Q  U  S  D  E  E  Y  K  D  Z  H  Q  O  N  L  S
M  U  J  X  C  C  B  I  E  J  S  E  P  Ł  J  D
R  R  O  X  D  N  A  N  M  Z  J  G  N  Ó  O  C
W  Ę  G  O  R  Z  R  P  E  Z  C  G  Y  D  D  X
W  I  E  L  O  R  Y  B  A  R  K  J  K  Ź  W  W
W  F  O  Ś  M  I  O  R  N  I  C  A  Z  R  U  B
```

TUŃCZYK	MEDUZA
WIELORYB	FALE
ŁÓDŹ	OSTRYGA
KREWETKA	RYBA
KRAB	OŚMIORNICA
KORAL	RAFA
WĘGORZ	SÓL
GĄBKA	ŻÓŁW
DELFIN	BURZA
PŁYWY	REKIN

83 - Profissões #1

```
N B M H G H A Y A J Ł X N Y R V
I A L Y P F K N H R U M U Z Y K
H N N V Ś A R Q L A T B J A Ł S
Y K A X W L A B K Y J Y I K D E
D I P M C E I W A R K G S L Z P
R E S J E W N W C E K O G T E Z
A R Y H I Q G F Y Ł Q L Ł V A R
U Ł C I W Z Ę A S T R O N O M A
L Y H T O Y L R S F O E Z F W N
I P O E K I E F J K M G L S N Y
K N L Y U U I R T A K O W D A R
W E O W A O P H B Ż R E R U O A
E U G B N C A M B A S A D O R M
K A R T O G R A F R F Z E G R W
T A N C E R Z R O T K A D E R Z
P I A N I S T A G S H D O R V M
```

ADWOKAT	REDAKTOR
KRAWIEC	AMBASADOR
ARTYSTA	HYDRAULIK
ASTRONOM	PIELĘGNIARKA
BANKIER	GEOLOG
STRAŻAK	JUBILER
MYŚLIWY	MARYNARZ
KARTOGRAF	MUZYK
NAUKOWIEC	PIANISTA
TANCERZ	PSYCHOLOG

84 - Força e Gravidade

```
Z  U  E  Y  U  M  E  C  C  E  N  T  R  U  M  Ł
G  A  H  L  Ł  A  K  U  I  Ć  Ł  Ł  G  H  E  L
Ł  X  W  E  W  G  S  N  C  Ś  W  L  H  H  L  T
W  E  V  F  V  N  P  I  Ś  O  N  K  X  S  W  U
I  Y  R  O  U  E  A  W  O  K  R  I  L  T  P  H
E  T  Ł  U  F  T  N  E  W  D  L  B  E  I  A  K
L  T  V  P  L  Y  S  R  I  Ę  B  P  I  N  K  Y
K  A  I  A  W  Z  J  S  C  R  Q  V  C  Ć  I  T
O  R  X  F  H  M  A  A  Ś  P  H  M  Y  Ś  N  E
Ś  C  W  A  G  A  K  L  A  T  I  B  R  O  A  N
Ć  I  Ł  J  L  J  Y  N  Ł  A  S  W  K  Ł  H  A
J  E  L  A  Ł  Z  Z  Y  W  L  P  L  D  G  C  L
D  E  P  T  J  C  I  D  A  L  Ł  R  O  E  E  P
W  W  K  H  Y  M  F  C  Z  A  S  H  Z  L  M  W
B  R  X  D  Y  N  A  M  I  C  Z  N  Y  D  I  Ł
G  P  H  Z  S  E  Q  B  Y  X  S  P  L  O  Q  J
```

TARCIE
CENTRUM
ODKRYCIE
DYNAMICZNY
ODLEGŁOŚĆ
OŚ
EKSPANSJA
FIZYKA
WPŁYW
MAGNETYZM

WIELKOŚĆ
MECHANIKA
ORBITA
WAGA
PLANETY
CIŚNIENIE
WŁAŚCIWOŚCI
PRĘDKOŚĆ
CZAS
UNIWERSALNY

85 - Abelhas

```
A  U  R  D  D  Q  R  Ó  J  Ł  G  H  P  M  I  W
T  C  O  W  O  B  O  S  D  X  K  K  S  I  N  Y
Y  Ć  Ś  O  N  D  O  R  O  N  Ż  Ó  R  Ó  P  W
K  Ą  L  U  S  H  Ó  U  S  H  S  S  G  D  Y  S
O  N  I  D  Q  I  J  R  P  N  Ł  O  S  Ł  Ł  K
R  T  N  Z  Y  Ł  E  P  G  C  O  X  B  H  E  R
Z  I  Y  Y  Q  M  I  D  G  O  Ń  I  T  J  K  Z
Y  W  T  Ł  S  G  F  P  L  Z  C  M  L  A  T  Y
S  K  A  W  O  L  Ó  R  K  I  E  W  L  V  Ł  D
T  U  I  L  G  D  V  J  J  Ł  S  J  Z  K  V  Ł
N  Q  W  X  Q  Y  I  Y  X  T  U  K  S  O  W  A
Y  K  K  E  K  O  S  Y  S  T  E  M  O  X  M  J
R  H  J  D  H  F  B  U  T  X  B  T  G  I  U  V
D  Y  P  R  P  A  P  K  G  R  V  O  E  P  P  O
O  W  A  D  I  Ł  G  I  D  A  I  L  T  N  K  D
L  I  T  S  L  W  B  W  R  F  P  M  E  S  S  O
```

SKRZYDŁA
KORZYSTNY
WOSK
UL
RÓŻNORODNOŚĆ
EKOSYSTEM
RÓJ
KWITNĄĆ
KWIATY
OWOC

DYM
SIEDLISKO
OWAD
OGRÓD
MIÓD
ROŚLINY
PYŁEK
KRÓLOWA
SŁOŃCE

86 - Ciência

```
F  I  Z  Y  K  A  Z  E  T  O  P  I  H  M  N  C
B  B  W  G  Ł  N  E  W  C  Q  N  K  F  F  A  H
X  V  U  G  R  A  O  M  C  B  B  R  O  S  U  E
A  K  Z  Y  U  A  R  U  T  A  N  S  J  B  K  M
A  J  C  U  L  O  W  E  N  A  D  G  G  O  O  I
O  E  N  U  M  M  Z  I  N  A  G  R  O  I  W  C
R  O  Ś  L  I  N  Y  P  T  I  V  W  G  T  I  Z
J  R  P  X  I  J  E  X  Y  A  M  O  T  A  E  N
O  B  S  E  R  W  A  C  J  A  C  L  P  I  C  Y
I  T  M  E  T  O  D  A  D  S  H  J  Ł  Y  G  A
L  A  B  O  R  A  T  O  R  I  U  M  A  M  G  B
G  M  I  S  K  A  M  I  E  N  I  A  Ł  O  Ś  Ć
Z  I  C  Z  Ą  S  T  E  C  Z  K  I  W  I  T  O
R  L  C  Z  Ą  S  T  K  I  W  I  R  G  C  O  H
G  K  D  E  C  H  Z  J  A  O  Ł  B  H  K  O  K
L  E  L  M  F  X  J  Z  L  F  O  E  M  W  H  D
```

ATOM
NAUKOWIEC
KLIMAT
DANE
EWOLUCJA
FAKT
FIZYKA
SKAMIENIAŁOŚĆ
GRAWITACJA
HIPOTEZA

LABORATORIUM
METODA
MINERAŁY
CZĄSTECZKI
NATURA
OBSERWACJA
ORGANIZM
CZĄSTKI
ROŚLINY
CHEMICZNY

87 - Comida #1

```
S  F  W  J  W  S  R  T  E  Ł  O  X  Q  C  T  I
E  V  W  T  R  U  S  K  A  W  K  A  Y  E  B  W
R  Z  E  P  A  H  L  E  M  L  X  U  A  B  A  K
Z  U  P  A  D  V  W  C  I  W  E  B  A  U  Z  Ł
B  A  N  O  M  A  N  Y  C  Ł  R  S  L  Y  L  L
A  B  Ł  Y  J  F  R  Y  J  V  C  O  O  A  L  U
C  I  A  S  T  O  M  A  G  O  Q  J  K  M  I  P
C  Y  T  R  Y  N  A  L  C  S  M  R  E  H  A  J
C  Z  O  S  N  E  K  N  J  H  Q  X  L  S  Ó  L
M  A  R  C  H  E  W  K  A  Ę  I  L  M  O  C  C
C  L  V  N  W  H  I  Y  K  N  C  D  C  E  I  Y
C  U  K  I  E  R  D  Z  T  H  Q  Z  K  W  J  H
S  Z  P  I  N  A  K  C  A  N  U  X  M  V  F  T
Q  O  P  V  J  C  S  Ń  Ł  G  V  H  R  I  M  N
T  A  U  Ł  B  N  O  U  A  F  H  I  E  S  E  O
K  G  S  O  K  N  B  T  S  S  N  A  W  U  C  Ń
```

CUKIER	SZPINAK
CZOSNEK	MLEKO
ARACHID	CYTRYNA
TUŃCZYK	BAZYLIA
CIASTO	TRUSKAWKA
CYNAMON	RZEPA
CEBULA	SÓL
MARCHEWKA	SAŁATKA
JĘCZMIEŃ	ZUPA
MORELA	SOK

88 - Geometria

```
F R D P Y B Z D M K S U R Ś P O
D O I J T C B F C B Y D Ó R Ł B
M V G S G L I G K D M O W E B L
B E E N M O A I R O E T N D R I
J Y D G I R N G T Z T R A N P C
P L W I S E H A C F R Ó N I O Z
R P L A A W Y Z R K I J I C W E
O S H K F N Ł Z C A K E A I Ń
P P P Ć U R A M C M M Ą A K E G
O W O Ś T D S Z P N A T A I R J
R Y M O I Z O P Ł Q S Ą F G Z B
C M W K Ł G T L C H A K Ł O C A
J I V O I O M T Y A G Q L L H R
A A H S C A K Z L A Q H D V N D
B R W Y R Ó W N O L E G Ł Y I P
V Y Y W O N O I P U O X L D A T
```

WYSOKOŚĆ
KĄT
OBLICZEŃ
KOŁO
KRZYWA
ŚREDNICA
WYMIAR
RÓWNANIE
POZIOMY
LOGIKA

MASA
MEDIANA
RÓWNOLEGŁY
PROPORCJA
CZŁON
SYMETRIA
POWIERZCHNIA
TEORIA
TRÓJKĄT
PIONOWY

89 - Pássaros

```
A  K  Ł  U  K  U  K  P  G  J  J  T  P  T  E  B
W  D  C  O  K  J  A  J  I  O  O  V  M  U  U  O
E  R  G  G  G  R  Z  M  W  N  Ł  S  G  K  C  C
M  J  Ó  B  Ę  L  C  N  V  U  G  Ą  O  A  P  I
R  U  W  B  Ś  U  R  T  S  I  P  W  B  N  A  A
P  N  V  X  E  K  U  W  R  O  N  A  I  R  W  N
Q  Q  P  Ł  A  L  K  U  W  Z  O  G  A  N  T  M
K  D  T  I  I  R  W  W  W  W  Z  U  C  B  W  Q
Ł  A  B  Ę  D  Ź  V  K  L  C  S  P  Z  A  Y  S
Z  L  B  S  G  S  Q  G  Ł  X  M  A  K  Z  H  K
Ł  P  P  K  W  J  O  F  Q  P  C  P  F  Y  B  O
I  A  K  Z  C  A  K  T  D  K  Ł  E  Z  D  M  R
V  Z  Ł  I  B  Ł  J  R  E  K  F  L  D  D  Z  Z
N  C  P  N  M  B  Ł  O  Z  T  J  L  M  R  Q  E
Z  P  E  L  I  K  A  N  Ł  Y  B  K  H  G  Ł  Ł
S  Ł  F  L  A  M  I  N  G  A  V  E  Z  L  V  C
```

STRUŚ	CZAPLA
ORZEŁ	JAJKO
BOCIAN	PAPUGA
ŁABĘDŹ	WRÓBEL
WRONA	KACZKA
KUKUŁKA	PAW
FLAMING	PELIKAN
KURCZAK	PINGWIN
MEWA	GOŁĄB
GĘŚ	TUKAN

90 - Literatura

```
Y  M  F  X  V  Z  F  W  O  S  Q  O  T  W  W  B
L  A  I  F  A  R  G  O  I  B  F  J  O  N  Ł  B
Y  B  K  Y  I  N  O  E  F  I  U  Y  Y  I  Z  N
J  R  C  D  N  Z  A  P  Ł  J  M  K  A  O  M  K
D  L  J  F  I  M  Y  R  I  P  T  V  L  S  H  X
R  C  A  Z  P  S  H  V  R  S  Y  S  A  E  X  Z
V  A  T  S  O  A  R  O  F  A  T  E  M  K  C  Y
A  M  N  R  Z  W  W  Z  V  G  T  A  M  E  T  X
I  Ć  Ś  E  I  W  O  P  D  A  K  O  E  B  C  R
D  P  C  I  G  E  I  N  A  N  W  Ó  R  O  P  H
E  G  Q  W  A  D  B  M  V  A  L  I  G  O  O  E
G  I  P  B  C  C  O  P  M  L  Y  T  S  X  K  R
A  N  A  L  I  Z  A  T  A  O  A  U  T  O  R  Y
R  H  G  S  C  N  G  N  A  G  O  L  A  I  D  T
T  L  Z  B  G  O  C  B  E  I  V  D  Z  G  S  M
S  B  L  T  Q  Q  W  L  V  A  I  D  R  G  E  I
```

ANALOGIA	FIKCJA
ANALIZA	METAFORA
ANEGDOTA	NARRATOR
AUTOR	OPINIA
BIOGRAFIA	WIERSZ
PORÓWNANIE	RYM
WNIOSEK	RYTM
OPIS	POWIEŚĆ
DIALOG	TEMAT
STYL	TRAGEDIA

91 - Química

```
W C Ł Z W S Ó L U Q R C G F O D
E I U S A W K M Q Ł F I B A X Ł
L C R O G C H L O R O E J Y Z B
E T L L A D Y R U P R C Ł O K Z
M A L K A L I C Z N Y Z Ł N K
E U H F D E L E K T R O N P O A
N O H I U H N W Ł O V A O E D T
T T L E N E L C K A B K E I H A
Y S C K E J B F H D L Z E C M L
W W R D V O R G A N I C Z N Y I
O Ę Q W J M Ó X M C O E U A Z Z
R C G F A S D M T I C T L Y N A
D H G I B Q O I M J Ł S I T E T
Ą W C E E N W S Y O E Ą M P I O
J N S N E L Q B N W S Z O Ł K R
T E M P E R A T U R A C K Ł G Q
```

ALKALICZNY	WODÓR
KWAS	JON
CIEPŁO	CIECZ
WĘGIEL	CZĄSTECZKA
KATALIZATOR	JĄDROWY
CHLOR	ORGANICZNY
ELEMENTY	TLEN
ELEKTRON	WAGA
ENZYM	SÓL
GAZ	TEMPERATURA

92 - Clima

```
T  Ł  S  B  H  H  U  R  A  G  A  N  H  K  P  N
T  O  U  U  H  Z  S  Y  I  J  E  D  Ó  L  I  U
R  B  R  U  C  F  T  O  I  B  E  F  X  I  O  T
O  R  G  N  M  H  A  K  Z  M  N  Q  G  M  R  E
P  Y  R  X  A  Ł  Y  C  H  M  U  R  A  A  U  M
I  Z  Z  H  M  D  T  Ę  C  Z  A  M  Ł  T  N  P
K  A  M  R  S  O  O  N  N  Q  Y  C  G  F  S  E
A  K  O  B  E  I  N  K  Y  T  A  V  M  X  B  R
L  J  T  V  J  V  K  S  H  M  T  W  Q  Y  M  A
N  B  U  R  Z  A  F  S  U  Y  M  W  N  A  Y  T
Y  R  E  L  N  M  Z  U  Ł  N  O  I  D  F  V  U
E  Z  F  W  G  P  K  S  L  S  S  A  X  K  H  R
P  O  L  A  R  N  Y  Z  I  U  F  T  Ł  S  K  A
N  O  Y  Ł  K  L  T  A  A  O  E  R  U  B  E  F
F  F  Ł  Ę  P  E  F  O  N  V  R  R  G  W  Ł  M
B  O  G  Z  H  B  X  U  Ł  H  A  D  J  N  C  L
```

TĘCZA	POLARNY
ATMOSFERA	PIORUN
BRYZA	SUSZA
NIEBO	SUCHY
KLIMAT	TEMPERATURA
HURAGAN	BURZA
LÓD	TORNADO
MONSUN	TROPIKALNY
MGŁA	GRZMOT
CHMURA	WIATR

93 - Arte

```
C P T N S K E L P M O K Ł G W I
F E Z E V Q W E K J B R Z L C T
V I R Ł M E O W R P R Q G S I F
N N E A E A M Z I L A E R R U S
S E H N M P T Y V O Z B V R E C
T Ż D I U I R K Z B Y Ł Ź C A R
W A U G U O C U Z M Ł S T E Z B
Ó R N Y T N V Z A Y W O D R Z P
R Y A R J Z L X N S O G K C A R
Z W S O N E U V P Y W I C Z C U
P R T Z A I N S P I R O W A N Y
R I R K O M P O Z Y C J A C I S
O B Ó O I M Q H B N P O E Z J A
S Z J P R Z E D S T A W I A Ć W
T W I Z U A L N Y J D D W I O C
Y S H D O U W O S O B I S T Y P
```

CERAMICZNY
KOMPLEKS
KOMPOZYCJA
STWÓRZ
RZEŹBA
WYRAŻENIE
UCZCIWY
NASTRÓJ
ZAINSPIROWANY
ORYGINAŁ

OSOBISTY
OBRAZY
POEZJA
PRZEDSTAWIAĆ
PROSTY
SYMBOL
TEMAT
SURREALIZM
WIZUALNY

94 - Diplomacia

```
K  R  Q  X  Y  A  J  C  U  L  O  Z  E  R  C  A
F  O  L  Ć  Ś  O  N  Z  C  E  Ł  O  P  S  D  M
E  D  N  C  L  I  K  Y  Z  Ę  J  W  K  H  O  B
I  A  I  F  K  R  C  N  C  T  P  S  A  U  R  A
N  S  N  I  L  W  U  Z  I  R  W  P  M  M  A  S
A  A  M  W  O  I  A  C  W  A  E  Ó  P  A  D  A
Z  B  N  R  Q  E  K  Y  O  K  Q  Ł  A  N  C  D
Ą  M  J  F  J  L  T  T  Ś  T  A  P  N  I  A  A
I  A  K  Y  T  E  A  A  Ć  A  H  R  I  T  D  D
W  R  B  P  O  T  C  M  K  T  A  A  E  A  L  Y
Z  Q  J  Q  D  A  J  O  A  Y  K  C  P  R  R  S
O  M  L  D  Q  W  H  L  T  G  T  A  V  N  Q  K
R  Z  Ą  D  K  Y  T  P  E  N  Y  I  P  Y  E  U
T  N  R  Q  E  B  M  Y  Q  R  I  L  L  G  E  S
C  Z  U  S  P  O  E  D  N  Q  A  Q  L  O  X  J
Z  A  G  R  A  N  I  C  Z  N  Y  O  P  M  P  A
```

KAMPANIE	ZAGRANICZNY
OBYWATELE	ETYKA
SPOŁECZNOŚĆ	RZĄD
KONFLIKT	HUMANITARNY
DORADCA	UCZCIWOŚĆ
WSPÓŁPRACA	JĘZYKI
DYPLOMATYCZNY	POLITYKA
DYSKUSJA	REZOLUCJA
AMBASADA	ROZWIĄZANIE
AMBASADOR	TRAKTAT

95 - Comida # 2

```
O  J  K  P  Ł  O  F  O  N  Z  X  Z  T  R  F  J
K  K  U  Q  S  M  Ł  Q  I  B  X  P  C  P  D  Y
Ż  Y  R  D  O  Z  G  R  Z  Y  B  Y  Z  F  Y  U
V  U  C  Z  J  I  E  X  A  Z  A  P  E  S  R  K
R  J  Z  J  R  E  K  N  B  D  V  D  K  Z  E  R
X  Ł  A  D  G  I  M  A  I  W  I  K  O  Y  B  F
H  T  K  L  U  N  L  Ż  R  C  Q  H  L  N  J  I
P  B  A  N  A  N  O  A  P  C  A  H  A  K  G  D
J  O  V  K  B  M  A  Ł  Q  Ł  Z  F  D  A  C  X
V  H  M  A  Y  Ł  U  K  O  R  B  O  A  B  B  T
L  A  A  I  R  N  A  A  R  F  E  Ł  C  E  M  U
V  U  O  N  D  J  A  B  Ł  K  O  Q  X  H  S  X
A  E  N  Ś  R  O  T  X  S  E  R  J  A  J  K  O
W  H  B  I  F  T  R  U  G  O  J  O  P  L  Z  O
J  A  O  W  W  I  N  O  G  R  O  N  O  S  K  C
Z  W  A  Z  U  A  Ł  Z  N  Z  Z  N  U  S  N  X
```

KARCZOCH

MIGDAŁ

RYŻ

BANAN

BAKŁAŻAN

BROKUŁY

WIŚNIA

CZEKOLADA

GRZYB

KURCZAK

JOGURT

KIWI

JABŁKO

JAJKO

RYBA

SZYNKA

SER

POMIDOR

PSZENICA

WINOGRONO

96 - Universo

```
K  N  M  K  L  T  Z  X  U  M  U  T  L  X  G  X
R  S  P  R  Z  E  S  I  L  E  N  I  E  Q  R  W
A  D  I  O  R  E  T  S  A  Z  O  D  I  A  K  I
V  B  C  Ę  S  Ł  O  N  E  C  Z  N  Y  B  N  D
U  A  I  M  Ż  Q  J  V  Y  A  N  I  E  B  O  O
S  U  R  A  K  Y  T  K  A  L  A  G  R  P  C  C
X  P  O  M  K  Ł  C  C  I  E  M  N  O  Ś  Ć  Z
G  G  J  Ł  H  A  R  E  F  S  O  M  T  A  Q  N
P  Ó  Ł  K  U  L  A  O  V  U  B  P  Ł  C  A  Y
O  R  I  R  I  W  Y  N  Z  C  I  M  S  O  K  D
K  A  I  M  O  N  O  R  T  S  A  Q  M  Z  C  W
S  T  Ł  Q  M  I  W  H  O  R  Y  Z  O  N  T  M
E  I  T  R  G  I  P  Ó  A  S  T  R  O  N  O  M
L  B  Z  K  W  L  N  A  R  V  D  X  M  A  T  Z
E  R  N  I  E  B  I  A  Ń  S  K  I  M  Q  P  M
T  O  H  N  C  Q  A  X  F  Y  N  M  H  S  Ł  Ł
```

ASTEROIDA
ASTRONOMIA
ASTRONOM
ATMOSFERA
NIEBIAŃSKI
NIEBO
KOSMICZNY
EON
RÓWNIK
GALAKTYKA

PÓŁKULA
HORYZONT
KSIĘŻYC
ORBITA
SŁONECZNY
PRZESILENIE
TELESKOP
CIEMNOŚĆ
WIDOCZNY
ZODIAK

97 - Jazz

```
S  K  O  M  P  O  Z  Y  C  J  A  K  Y  Z  U  M
V  E  T  A  L  E  N  T  D  Z  W  Q  D  V  K  G
H  N  F  E  F  P  G  A  R  K  S  O  V  M  Z  L
M  U  B  L  A  F  E  K  S  I  C  A  N  L  Ł  I
A  T  I  S  M  O  Z  A  R  T  S  E  I  K  R  O
R  A  M  B  Ł  L  J  P  E  Z  Y  W  O  N  Ł  K
T  G  P  Z  J  A  B  Ę  B  N  Y  L  R  B  C  O
Y  J  R  K  V  K  W  U  L  U  B  I  O  N  E  N
S  F  O  Q  X  I  W  N  Q  V  X  S  T  J  S  C
T  S  W  V  J  N  H  S  Y  F  H  T  Y  N  Z  E
A  R  I  U  W  H  W  R  Y  T  M  A  Z  S  Z  R
U  C  Z  Ł  R  C  P  O  Q  L  J  R  O  J  R  T
K  L  A  K  N  E  S  O  I  P  P  Y  P  C  O  I
F  T  C  O  G  T  C  N  T  L  Z  C  M  P  E  R
E  Ł  J  K  Q  Q  P  F  P  G  K  Y  O  H  V  X
D  C  A  T  H  S  N  W  H  Z  K  S  K  O  N  R
```

ARTYSTA	ULUBIONE
ALBUM	GATUNEK
BĘBNY	IMPROWIZACJA
PIOSENKA	MUZYKA
KOMPOZYCJA	NOWY
KOMPOZYTOR	ORKIESTRA
KONCERT	RYTM
STYL	TALENT
NACISK	TECHNIKA
SŁAWNY	STARY

98 - Barcos

```
K A J A K B J P K S X N G T J Ż
B J M G O F D E V W F A L A F A
U O A N I L O S Z K M E L G A G
A B A C V M K T R I X C U O L L
D E S W H Z Y R A N O O P Ł E Ó
R Z E K A T P A N L A R I A S W
F J S D C Z R T Y I M N O Z Ł K
O W H P I S O W R S D V U N K A
W W R B W A M A A S U D M A H Q
A M Z N T M Y Y M Z A U M U H Q
D O E H O J V Y U Ł E D E T H K
P R D J K P C F F C U A O Y L X
T Z X U O N S X P T K B F C T I
N E L G Q U N Q N Y Ł B O Z S V
P O N R Y Z Z F P Z U H F N Q H
B Ł S J U S O O L C V D E Y O S
```

KOTWICA	FALA
PROM	MARYNARZ
BOJA	MASZT
KAJAK	SILNIK
LINA	NAUTYCZNY
DOK	OCEAN
JACHT	FALE
TRATWA	RZEKA
JEZIORO	ZAŁOGA
MORZE	ŻAGLÓWKA

99 - Mamíferos

```
W  U  F  Z  C  K  A  T  S  I  L  Ł  T  L  D  K
E  I  O  W  C  E  W  I  T  Ł  A  Z  K  Y  B  R
L  S  E  Ł  R  T  J  N  G  X  O  W  L  O  V  Ó
Q  E  V  L  Z  A  L  N  O  A  W  Ń  I  V  Ń  L
W  K  U  R  B  Ó  B  L  R  U  Ł  L  W  R  U  I
Q  O  J  R  Y  Ł  Y  W  Y  K  A  N  G  U  R  K
K  J  V  B  R  Q  Ą  M  L  C  F  D  C  J  P  R
M  O  H  T  O  A  C  D  V  H  A  R  B  E  Z  R
G  T  O  K  L  W  G  O  E  M  R  E  P  K  C  Z
U  P  N  Y  E  W  Z  P  O  J  Y  T  W  G  P  H
E  Y  E  N  I  F  L  E  D  M  Ż  S  P  O  I  Q
I  D  N  M  W  V  J  Y  E  C  Z  I  B  D  E  F
W  A  Ł  A  A  V  Z  Z  B  Q  X  H  L  Y  S  X
Y  D  V  Ł  F  J  L  A  Y  M  D  Y  H  E  I  U
H  C  Q  P  P  X  Y  R  L  N  T  E  N  L  Ł  Z
P  H  L  A  U  W  C  I  N  F  F  Y  V  B  A  P
```

WIELORYB	ŻYRAFA
WIELBŁĄD	DELFIN
KANGUR	GORYL
BÓBR	LEW
KOŃ	WILK
PIES	MAŁPA
KRÓLIK	OWCE
KOJOT	LIS
SŁOŃ	BYK
KOT	ZEBRA

100 - Atividades e Lazer

```
O  D  P  R  Ę  Ż  A  J  Ą  C  Y  V  I  P  W  O
J  U  B  Z  U  A  R  K  O  V  U  E  F  O  Y  G
U  N  C  A  N  Ż  O  N  A  K  Ł  I  P  D  Ś  R
K  O  S  Z  Y  K  Ó  W  K  A  N  N  F  R  C  O
I  L  L  A  B  E  S  A  B  H  E  A  C  Ó  I  D
O  R  K  C  B  S  H  A  H  T  I  W  Y  Ż  G  N
S  K  O  B  O  S  L  H  D  Z  N  O  E  S  I  I
K  U  A  M  H  O  W  T  S  R  A  K  D  Ę  W  C
E  Q  R  W  S  M  W  J  C  W  W  R  G  M  K  T
M  R  C  F  D  O  T  T  N  Ę  Y  U  G  O  F  W
P  K  P  N  I  G  V  V  S  D  Ł  N  U  B  L  O
I  T  P  R  D  N  B  Ł  I  R  P  A  W  Y  Y  F
N  J  J  B  A  G  G  D  N  Ó  A  L  G  T  O  S
G  M  S  Z  T  U  K  A  E  W  X  L  V  K  L  B
X  K  Y  P  Q  Q  F  U  T  K  G  X  A  E  S  E
M  E  A  K  W  Ó  K  T  A  I  S  T  Q  M  E  T
```

KEMPING
SZTUKA
KOSZYKÓWKA
BASEBALL
BOKS
WĘDRÓWKI
WYŚCIGI
PIŁKA NOŻNA
GOLF
HOBBY

OGRODNICTWO
NURKOWANIE
PŁYWANIE
WĘDKARSTWO
MALARSTWO
ODPRĘŻAJĄCY
SURFING
TENIS
PODRÓŻ
SIATKÓWKA

1 - Dirigindo

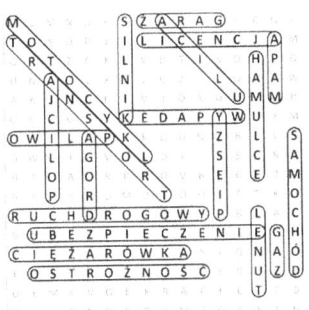

2 - Antiguidades

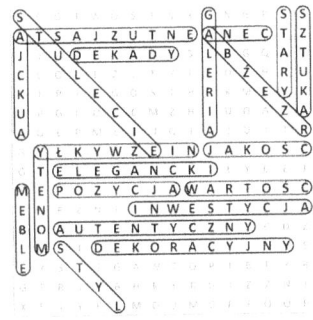

3 - Churrascos

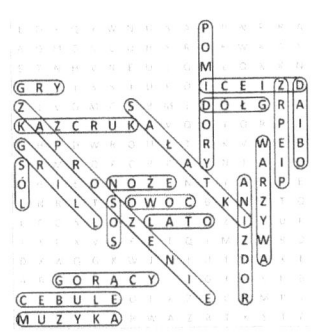

4 - Geologia

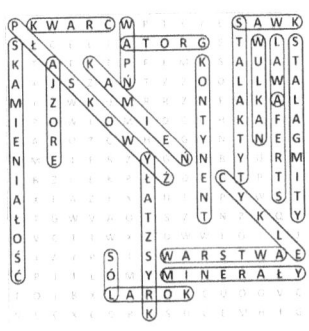

5 - Ética

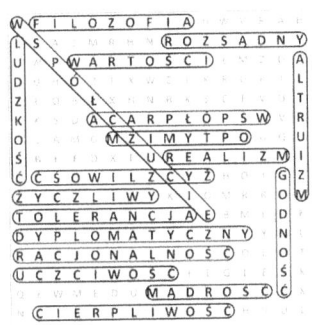

6 - Tempo

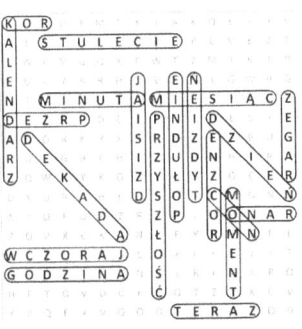

7 - Astronomia

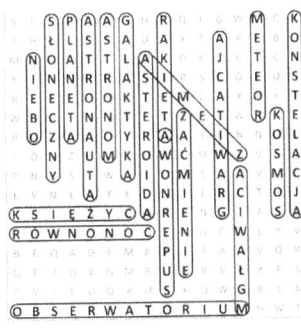

8 - Acampamento

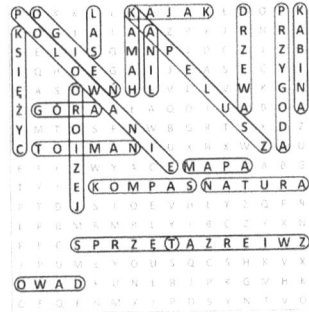

9 - Ficção Científica

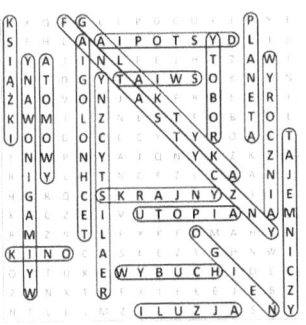

10 - Mitologia

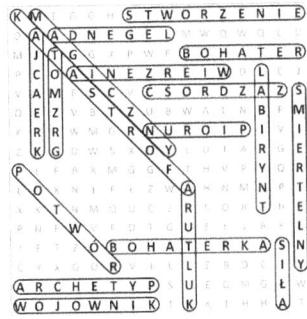

11 - Medições

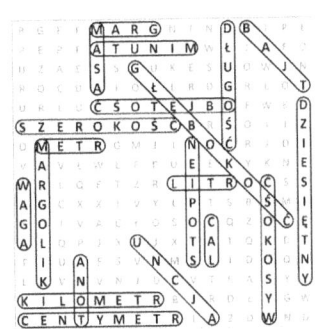

12 - Álgebra

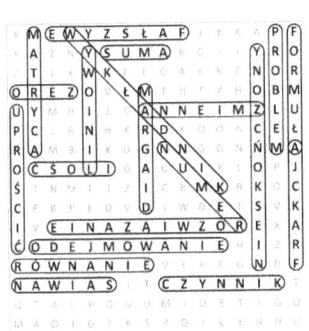

13 - Plantas

14 - Veículos

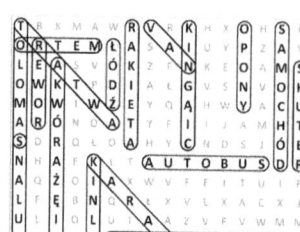

15 - Engenharia

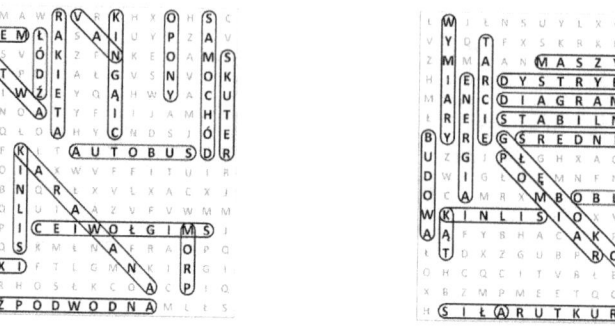

16 - Restaurante # 2

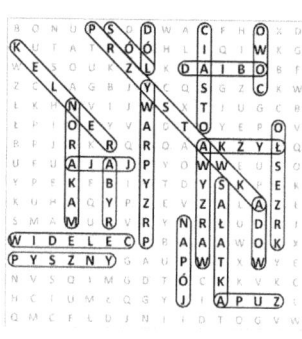

17 - Países #2

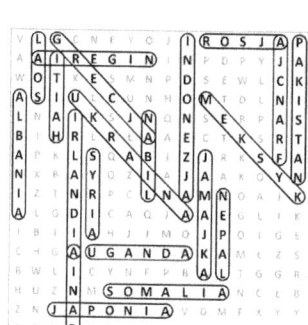

18 - Cozinha

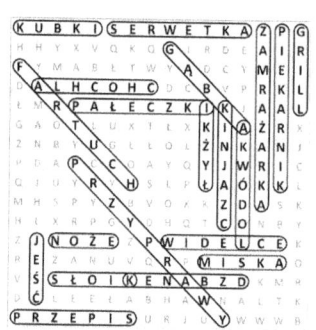

19 - Material de Arte

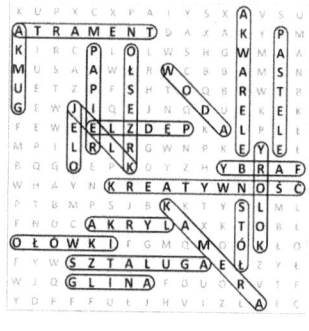

20 - Números

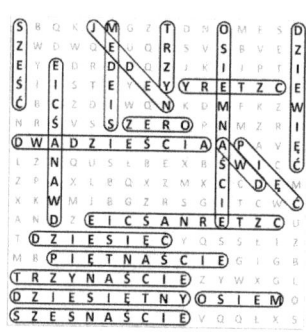

21 - Física

22 - Especiarias

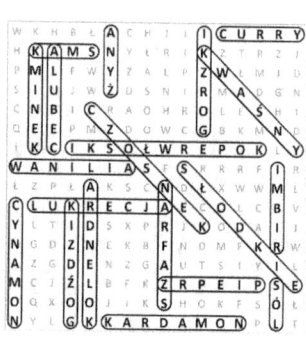

23 - Países #1

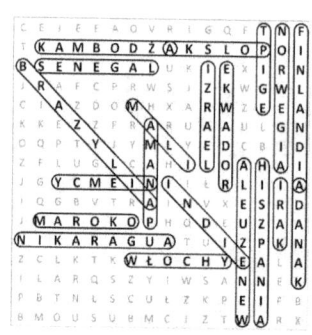

24 - A Mídia

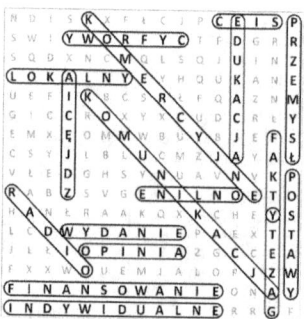

25 - Casa

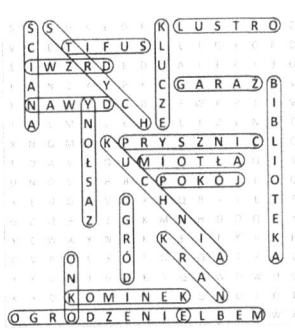

26 - Vegetais

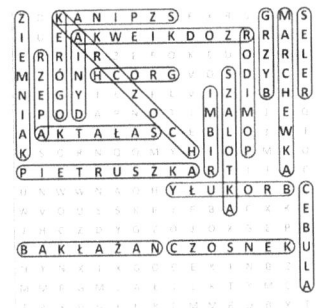

27 - Balé

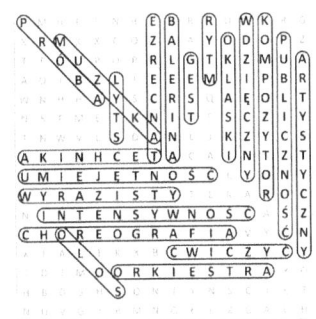

28 - Adjetivos #1

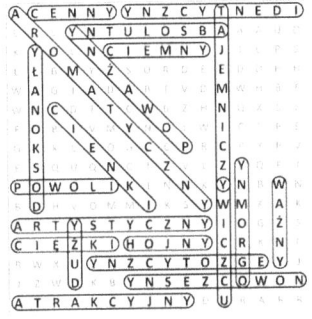

29 - Psicologia

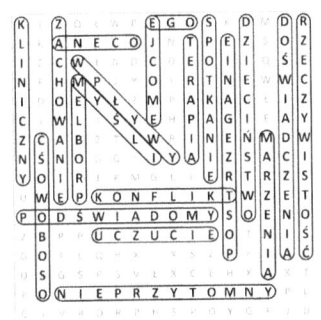

30 - Paisagens

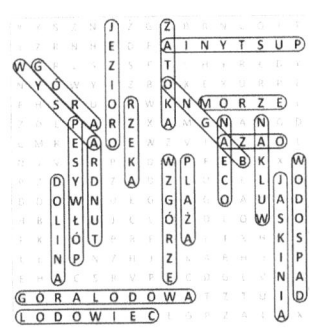

31 - Dança

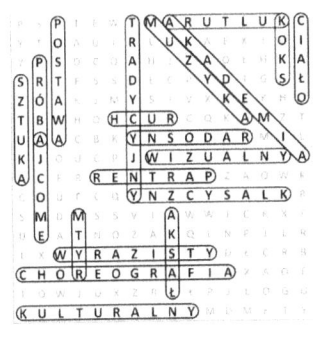

32 - Nutrição

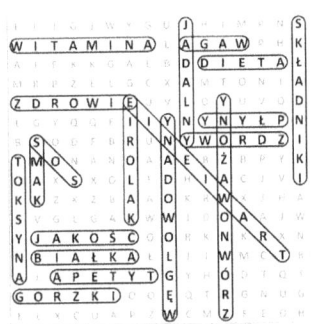

33 - Energia

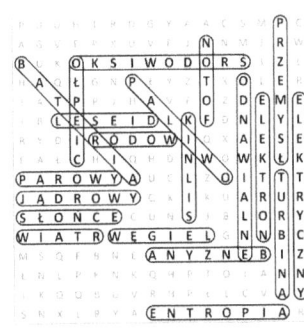

34 - Disciplinas Científicas

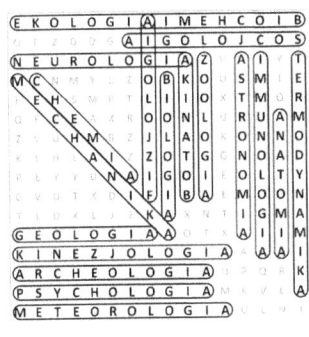

35 - Meditação

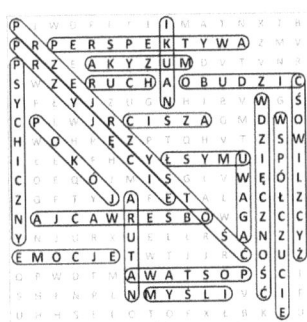

36 - Moda

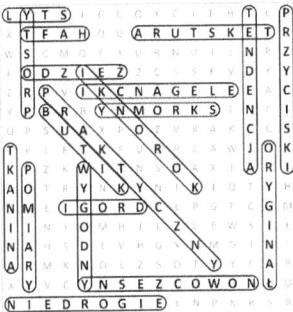

37 - Instrumentos Musicais

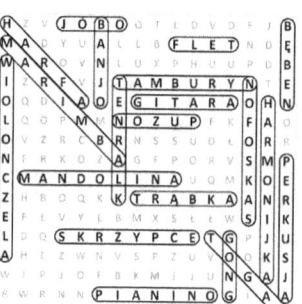

38 - Adjetivos #2

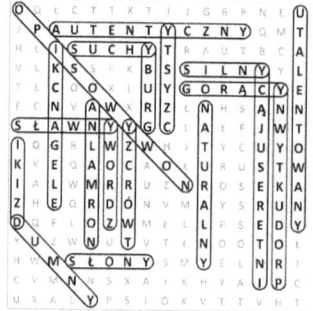

39 - Roupas

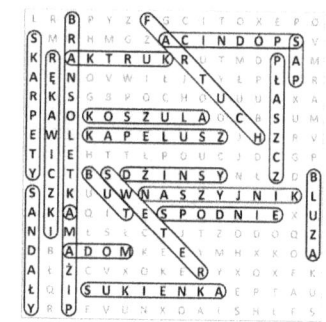

40 - Herbalismo

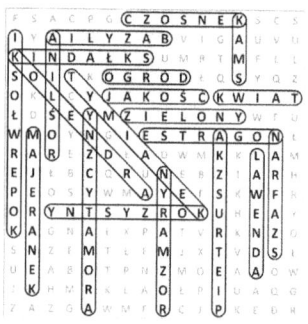

41 - Arqueologia

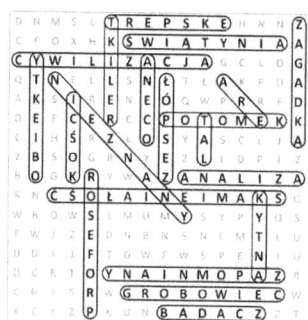

42 - Esporte

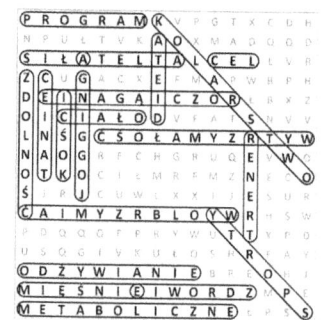

43 - Agronomia

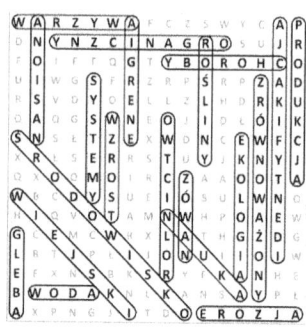

44 - Frutas

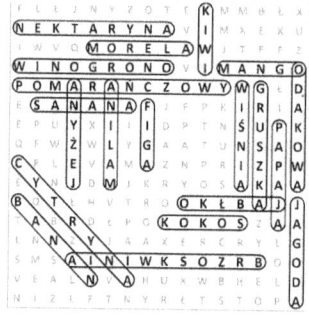

45 - Corpo Humano

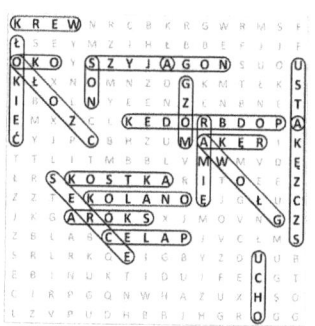

46 - Restaurante #1

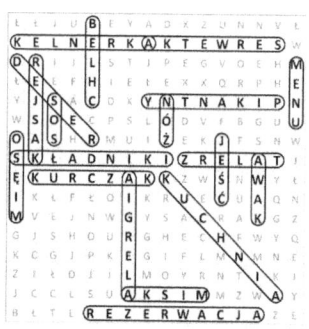

47 - Caminhada

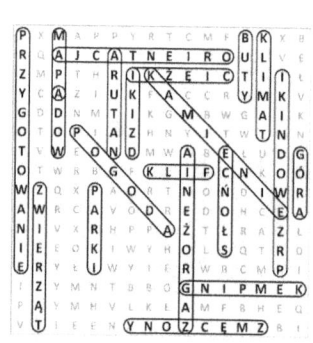

48 - Biologia

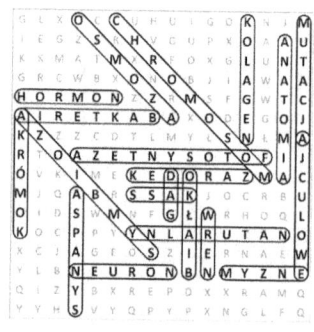

49 - Beleza

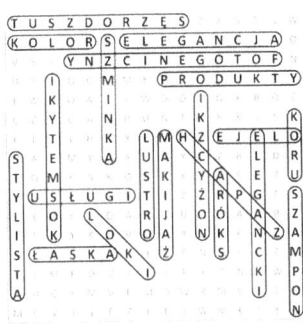

50 - Filantropia

51 - Ecologia

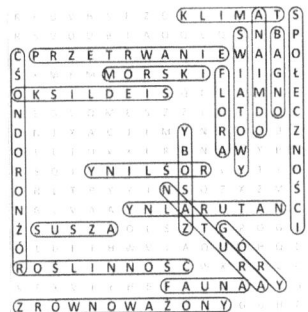

52 - Família

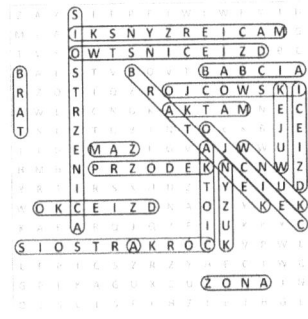

53 - Férias #2

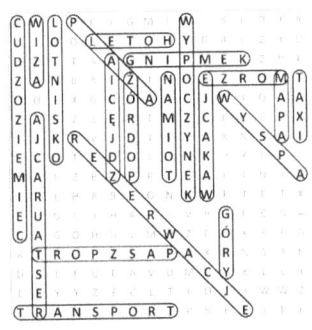

54 - Edifícios

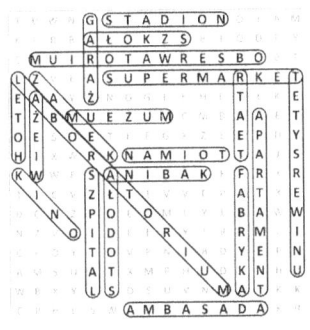

55 - Aventura

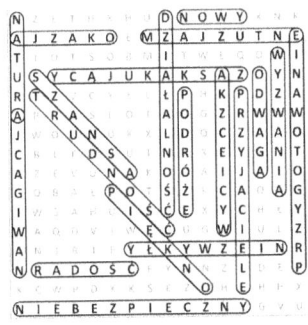

56 - Cidade

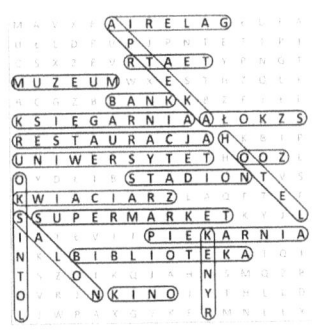

57 - Música

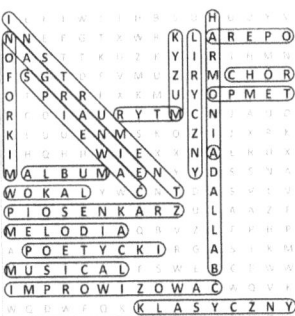

58 - Matemática

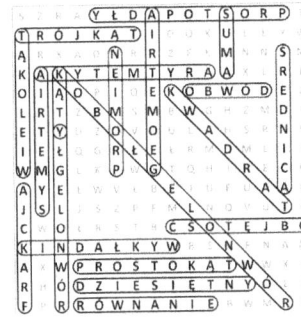

59 - Saúde e Bem Estar #1

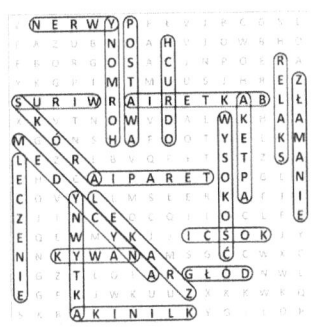

60 - Imigração

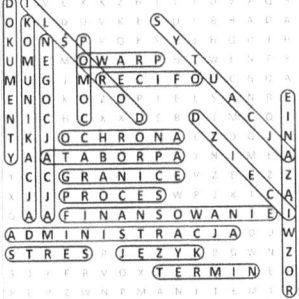

61 - Natureza

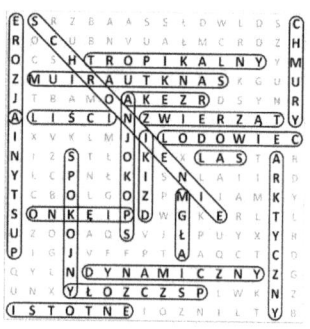

62 - A Empresa

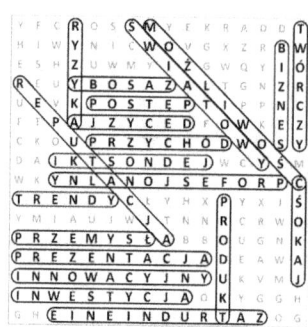

63 - Doença

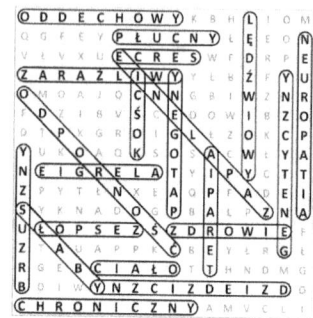

64 - Aquecimento Global

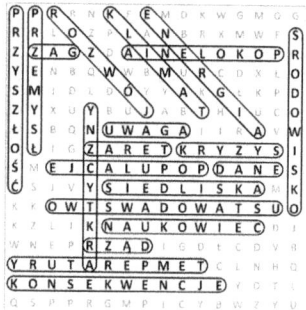

65 - Aviões

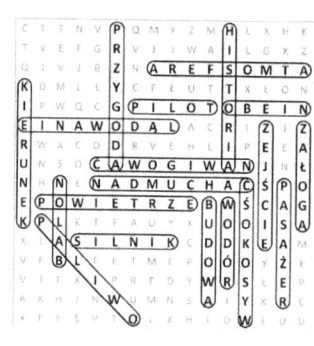

66 - Tipos de Cabelo

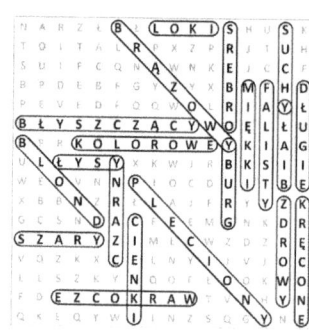

67 - Criatividade

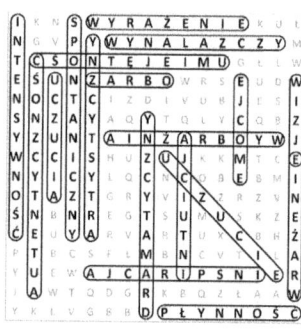

68 - Dias e Meses

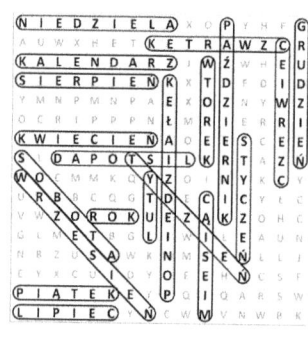

69 - Saúde e Bem Estar #2

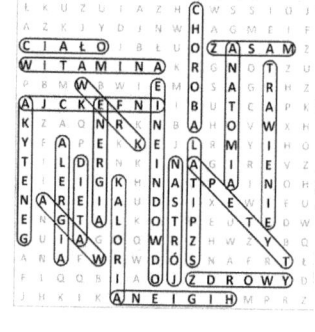

70 - Geografia

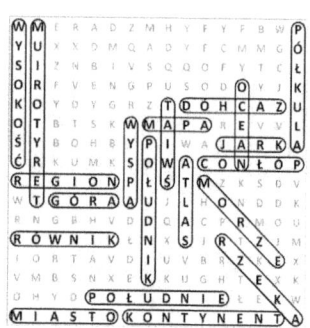

71 - Antártica

72 - Flores

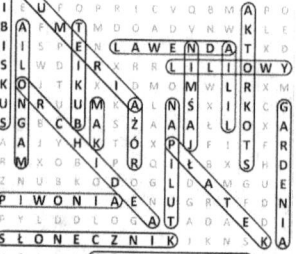

73 - Fazenda #1

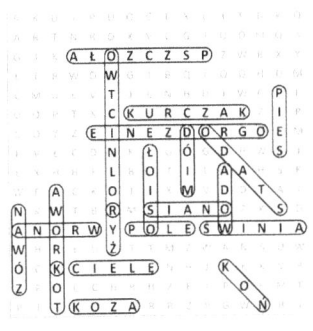

74 - Livros

75 - Governo

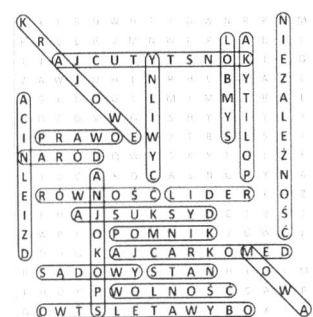

76 - Jardinagem

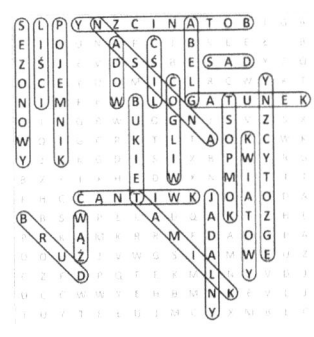

77 - Profissões #2

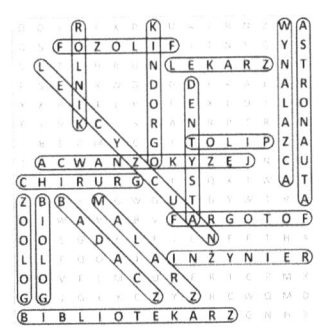

78 - Café

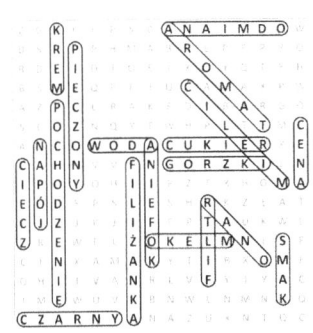

79 - Negócios

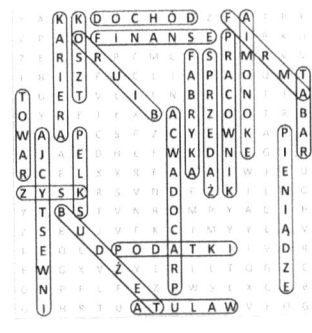

80 - Fazenda #2

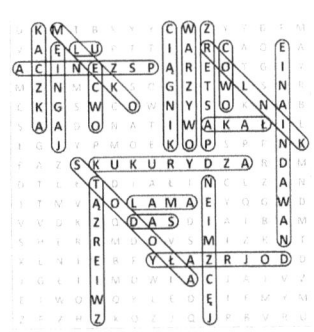

81 - Jardim

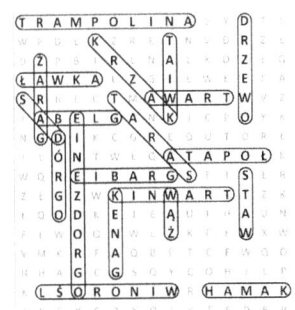

82 - Oceano

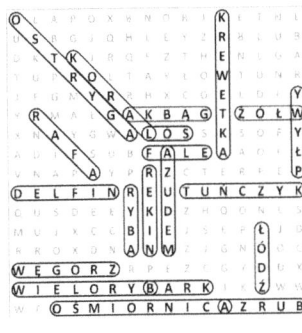

83 - Profissões #1

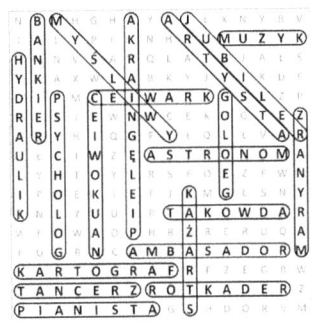

84 - Força e Gravidade

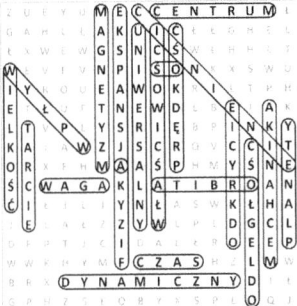

85 - Abelhas

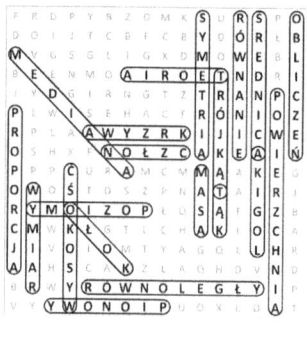

86 - Ciência

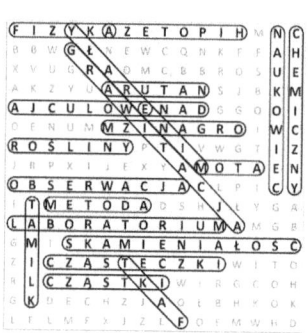

87 - Comida #1

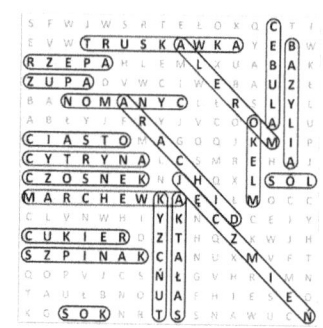

88 - Geometria

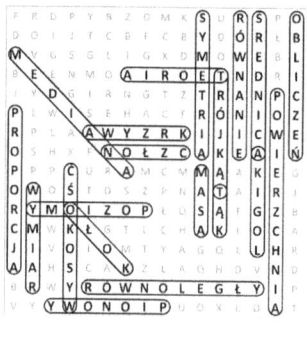

89 - Pássaros

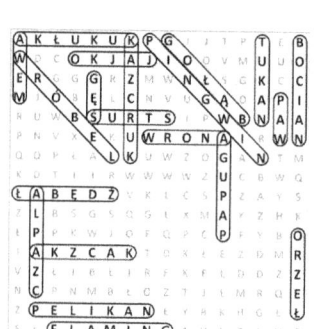

90 - Literatura

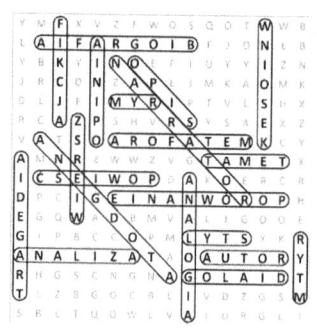

91 - Química

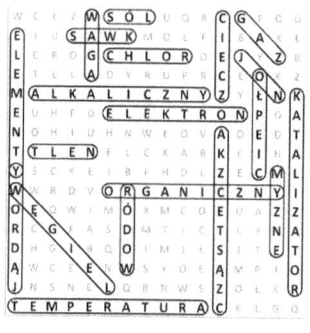

92 - Clima

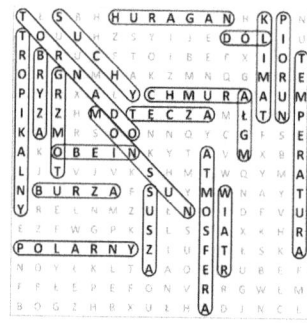

93 - Arte

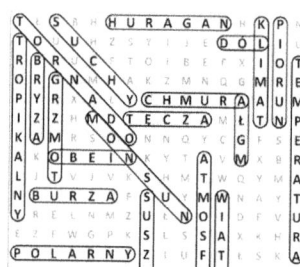

94 - Diplomacia

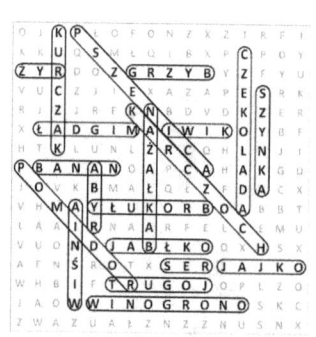

95 - Comida # 2

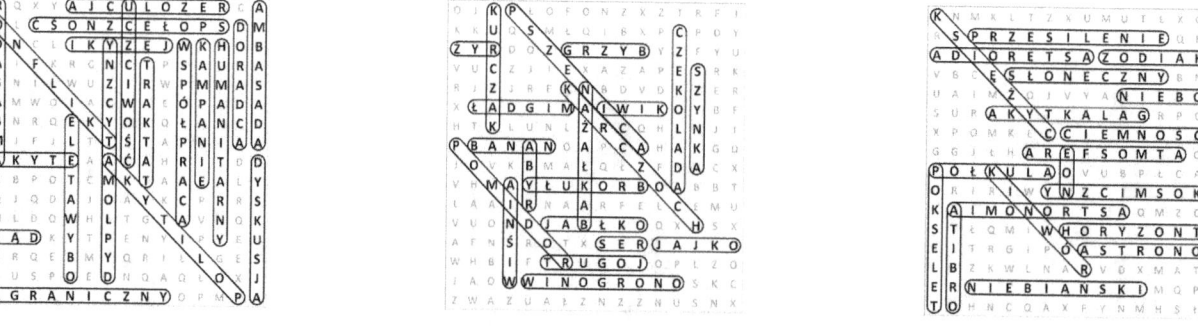

96 - Universo

97 - Jazz

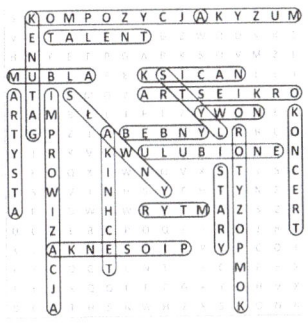

98 - Barcos

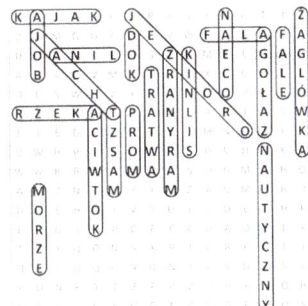

99 - Mamíferos

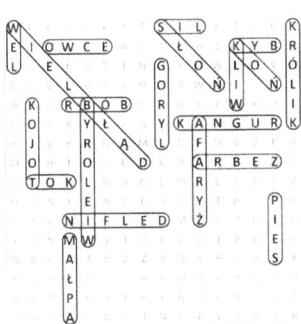

100 - Atividades e Lazer

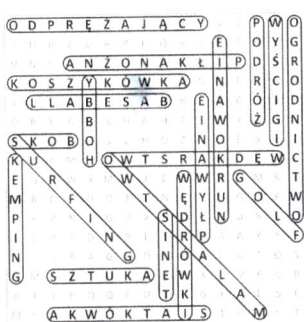

Dicionário

A Empresa
Przedsiębiorstwo

Apresentação	Prezentacja
Criativo	Twórczy
Decisão	Decyzja
Emprego	Zatrudnienie
Global	Światowy
Indústria	Przemysł
Inovador	Innowacyjny
Investimento	Inwestycja
Negócio	Biznes
Possibilidade	Możliwość
Produto	Produkt
Profissional	Profesjonalny
Progresso	Postęp
Qualidade	Jakość
Receita	Przychód
Recursos	Zasoby
Reputação	Reputacja
Riscos	Ryzyka
Tendências	Trendy
Unidades	Jednostki

A Mídia
Media

Atitudes	Postawy
Comercial	Komercyjne
Comunicação	Komunikacja
Digital	Cyfrowy
Edição	Wydanie
Educação	Edukacja
Fatos	Fakty
Financiamento	Finansowanie
Fotos	Zdjęcia
Individual	Indywidualne
Indústria	Przemysł
Intelectual	Intelektualny
Jornais	Gazety
Local	Lokalny
Online	Online
Opinião	Opinia
Público	Publiczny
Rádio	Radio
Rede	Sieć
Televisão	Telewizja

Abelhas
Pszczoły

Asas	Skrzydła
Benéfico	Korzystny
Cera	Wosk
Colmeia	Ul
Diversidade	Różnorodność
Ecossistema	Ekosystem
Enxame	Rój
Flor	Kwitnąć
Flores	Kwiaty
Fruta	Owoc
Fumaça	Dym
Habitat	Siedlisko
Inseto	Owad
Jardim	Ogród
Mel	Miód
Plantas	Rośliny
Pólen	Pyłek
Rainha	Królowa
Sol	Słońce

Acampamento
Kemping

Animais	Zwierząt
Aventura	Przygoda
Árvores	Drzewa
Bússola	Kompas
Cabine	Kabina
Caça	Polowanie
Canoa	Kajak
Chapéu	Kapelusz
Corda	Lina
Equipamento	Sprzęt
Floresta	Las
Fogo	Ogień
Inseto	Owad
Lago	Jezioro
Lua	Księżyc
Maca	Hamak
Mapa	Mapa
Montanha	Góra
Natureza	Natura
Tenda	Namiot

Adjetivos #1
Przymiotniki # 1

Absoluto	Absolutny
Aromático	Aromatyczny
Artístico	Artystyczny
Atraente	Atrakcyjny
Enorme	Ogromny
Escuro	Ciemny
Exótico	Egzotyczny
Fino	Cienki
Generoso	Hojny
Grande	Duży
Honesto	Uczciwy
Idêntico	Identyczny
Importante	Ważny
Lento	Powoli
Misterioso	Tajemniczy
Moderno	Nowoczesny
Perfeito	Doskonały
Pesado	Ciężki
Sério	Poważny
Valioso	Cenny

Adjetivos #2
Przymiotniki # 2

Autêntico	Autentyczny
Criativo	Twórczy
Descritivo	Opisowy
Dotado	Utalentowany
Elegante	Elegancki
Famoso	Sławny
Forte	Silny
Grosso	Gruby
Interessante	Interesujący
Natural	Naturalny
Normal	Normalna
Novo	Nowy
Orgulhoso	Dumny
Produtivo	Produktywny
Puro	Czysty
Quente	Gorący
Salgado	Słony
Saudável	Zdrowy
Seco	Suchy
Selvagem	Dziki

Agronomia
Agronomia

Agricultura	Rolnictwo
Ambiente	Środowisko
Água	Woda
Ciência	Nauka
Crescimento	Wzrost
Doenças	Choroby
Ecologia	Ekologia
Energia	Energia
Erosão	Erozja
Fertilizante	Nawóz
Identificação	Identyfikacja
Legumes	Warzywa
Orgânico	Organiczny
Plantas	Rośliny
Produção	Produkcja
Rural	Wiejski
Sementes	Nasiona
Sistemas	Systemy
Solo	Gleba
Sustentável	Zrównoważony

Antártica
Antarktyda

Ambiente	Środowisko
Água	Woda
Baía	Zatoka
Científico	Naukowy
Conservação	Ochrona
Continente	Kontynent
Enseada	Zatoczka
Expedição	Wyprawa
Geleiras	Lodowce
Gelo	Lód
Geografia	Geografia
Ilhas	Wyspy
Investigador	Badacz
Migração	Migracja
Minerais	Minerały
Península	Półwysep
Pinguins	Pingwiny
Rochoso	Skalisty
Temperatura	Temperatura
Topografia	Topografia

Antiguidades
Antyki

Arte	Sztuka
Autêntico	Autentyczny
Decorativo	Dekoracyjny
Décadas	Dekady
Elegante	Elegancki
Entusiasta	Entuzjasta
Escultura	Rzeźba
Estilo	Styl
Galeria	Galeria
Incomum	Niezwykły
Investimento	Inwestycja
Item	Pozycja
Leilão	Aukcja
Mobiliário	Meble
Moedas	Monety
Preço	Cena
Qualidade	Jakość
Século	Stulecie
Valor	Wartość
Velho	Stary

Aquecimento Global
Globalne Ocieplenie

Agora	Teraz
Ambiental	Środowisko
Atenção	Uwaga
Ártico	Arktyczny
Cientista	Naukowiec
Clima	Klimat
Consequências	Konsekwencje
Crise	Kryzys
Dados	Dane
Desenvolvimento	Rozwój
Energia	Energia
Futuro	Przyszłość
Gás	Gaz
Gerações	Pokolenia
Governo	Rząd
Habitats	Siedliska
Indústria	Przemysł
Legislação	Ustawodawstwo
Populações	Populacje
Temperaturas	Temperatury

Arqueologia
Archeologia

Análise	Analiza
Anos	Lat
Antiguidade	Antyk
Avaliação	Ocena
Civilização	Cywilizacja
Descendente	Potomek
Desconhecido	Nieznany
Equipe	Zespół
Era	Era
Especialista	Ekspert
Esquecido	Zapomniany
Fóssil	Skamieniałość
Investigador	Badacz
Mistério	Zagadka
Objetos	Obiekty
Ossos	Kości
Professor	Profesor
Relíquia	Relikt
Templo	Świątynia
Túmulo	Grobowiec

Arte
Sztuka

Cerâmica	Ceramiczny
Complexo	Kompleks
Composição	Kompozycja
Criar	Stwórz
Escultura	Rzeźba
Expressão	Wyrażenie
Honesto	Uczciwy
Humor	Nastrój
Inspirado	Zainspirowany
Original	Oryginał
Pessoal	Osobisty
Pinturas	Obrazy
Poesia	Poezja
Retratar	Przedstawiać
Simples	Prosty
Símbolo	Symbol
Sujeito	Temat
Surrealismo	Surrealizm
Visual	Wizualny

Astronomia
Astronomia

Asteróide	Asteroida
Astronauta	Astronauta
Astrônomo	Astronom
Céu	Niebo
Constelação	Konstelacja
Cosmos	Kosmos
Eclipse	Zaćmienie
Equinócio	Równonoc
Foguete	Rakieta
Galáxia	Galaktyka
Gravidade	Grawitacja
Lua	Księżyc
Meteoro	Meteor
Nebulosa	Mgławica
Observatório	Obserwatorium
Planeta	Planeta
Solar	Słoneczny
Supernova	Supernowa
Terra	Ziemia
Universo	Wszechświat

Atividades e Lazer
Aktywność i Wypoczynek

Acampamento	Kemping
Arte	Sztuka
Basquete	Koszykówka
Beisebol	Baseball
Boxe	Boks
Caminhada	Wędrówki
Corrida	Wyścigi
Futebol	Piłka Nożna
Golfe	Golf
Hobbies	Hobby
Jardinagem	Ogrodnictwo
Mergulho	Nurkowanie
Natação	Pływanie
Pesca	Wędkarstwo
Pintura	Malarstwo
Relaxante	Odprężający
Surfe	Surfing
Tênis	Tenis
Viagem	Podróż
Voleibol	Siatkówka

Aventura
Przygoda

Alegria	Radość
Amigos	Przyjaciele
Atividade	Działalność
Beleza	Piękno
Bravura	Odwaga
Chance	Szansa
Desafios	Wyzwania
Dificuldade	Trudność
Entusiasmo	Entuzjazm
Excursão	Wycieczka
Incomum	Niezwykły
Natureza	Natura
Navegação	Nawigacja
Novo	Nowy
Oportunidade	Okazja
Perigoso	Niebezpieczny
Preparação	Przygotowanie
Surpreendente	Zaskakujący
Viagens	Podróże

Aviões
Samoloty

Altura	Wysokość
Ar	Powietrze
Aterrissagem	Lądowanie
Atmosfera	Atmosfera
Aventura	Przygoda
Balão	Balon
Céu	Niebo
Combustível	Paliwo
Construção	Budowa
Descida	Zejście
Direção	Kierunek
Hidrogênio	Wodór
História	Historia
Inflar	Nadmuchać
Motor	Silnik
Navegar	Nawigować
Passageiro	Pasażer
Piloto	Pilot
Tripulação	Załoga
Turbulência	Turbulencja

Álgebra
Algebra

Diagrama	Diagram
Equação	Równanie
Expoente	Wykładnik
Falso	Fałszywe
Fator	Czynnik
Fórmula	Formuła
Fração	Frakcja
Infinito	Nieskończony
Linear	Liniowy
Matriz	Matryca
Número	Numer
Parêntese	Nawias
Problema	Problem
Quantidade	Ilość
Simplificar	Uprościć
Solução	Rozwiązanie
Soma	Suma
Subtração	Odejmowanie
Variável	Zmienna
Zero	Zero

Balé
Balet

Aplauso	Oklaski
Artístico	Artystyczny
Bailarina	Balerina
Compositor	Kompozytor
Coreografia	Choreografia
Dançarinos	Tancerze
Ensaio	Próba
Estilo	Styl
Expressivo	Wyrazisty
Gesto	Gest
Gracioso	Wdzięczny
Habilidade	Umiejętność
Intensidade	Intensywność
Música	Muzyka
Orquestra	Orkiestra
Prática	Ćwiczyć
Público	Publiczność
Ritmo	Rytm
Solo	Solo
Técnica	Technika

Barcos
Łodzie

Âncora	Kotwica
Balsa	Prom
Bóia	Boja
Caiaque	Kajak
Corda	Lina
Doca	Dok
Iate	Jacht
Jangada	Tratwa
Lago	Jezioro
Mar	Morze
Maré	Fala
Marinheiro	Marynarz
Mastro	Maszt
Motor	Silnik
Náutico	Nautyczny
Oceano	Ocean
Ondas	Fale
Rio	Rzeka
Tripulação	Załoga
Veleiro	Żaglówka

Beleza
Piękno

Batom	Szminka
Cachos	Loki
Charme	Urok
Cor	Kolor
Cosméticos	Kosmetyki
Elegante	Elegancki
Elegância	Elegancja
Espelho	Lustro
Estilista	Stylista
Fotogênico	Fotogeniczny
Fragrância	Zapach
Graça	Łaska
Maquiagem	Makijaż
Óleos	Oleje
Pele	Skóra
Produtos	Produkty
Rímel	Tusz do Rzęs
Serviços	Usługi
Tesoura	Nożyczki
Xampu	Szampon

Biologia
Biologia

Anatomia	Anatomia
Bactérias	Bakteria
Célula	Komórka
Colagénio	Kolagen
Cromossoma	Chromosom
Embrião	Zarodek
Enzima	Enzym
Evolução	Ewolucja
Fotossíntese	Fotosynteza
Hormona	Hormon
Mamífero	Ssak
Mutação	Mutacja
Natural	Naturalny
Nervo	Nerw
Neurônio	Neuron
Osmose	Osmoza
Proteína	Białko
Réptil	Gad
Simbiose	Symbioza
Sinapse	Synapsa

Café
Kawa

Açúcar	Cukier
Amargo	Gorzki
Aroma	Aromat
Assado	Pieczony
Água	Woda
Bebida	Napój
Cafeína	Kofeina
Copa	Filiżanka
Creme	Krem
Filtro	Filtr
Leite	Mleko
Líquido	Ciecz
Manhã	Rano
Moer	Mielić
Origem	Pochodzenie
Preço	Cena
Preto	Czarny
Sabor	Smak
Variedade	Odmiana

Caminhada
Turystyka Piesza

Acampamento	Kemping
Animais	Zwierząt
Água	Woda
Botas	Buty
Cansado	Zmęczony
Clima	Klimat
Guias	Przewodniki
Mapa	Mapa
Montanha	Góra
Natureza	Natura
Orientação	Orientacja
Parques	Parki
Pedras	Kamienie
Penhasco	Klif
Perigos	Zagrożenia
Pesado	Ciężki
Preparação	Przygotowanie
Selvagem	Dziki
Sol	Słońce
Tempo	Pogoda

Casa
Dom

Biblioteca	Biblioteka
Cerca	Ogrodzenie
Chaves	Klucze
Chuveiro	Prysznic
Cortinas	Zasłony
Cozinha	Kuchnia
Espelho	Lustro
Garagem	Garaż
Janela	Okno
Jardim	Ogród
Lareira	Kominek
Mobiliário	Meble
Parede	Ściana
Porta	Drzwi
Quarto	Pokój
Sótão	Strych
Tapete	Dywan
Teto	Sufit
Torneira	Kran
Vassoura	Miotła

Churrascos
Grillowanie

Cebolas	Cebule
Convite	Zaproszenie
Crianças	Dzieci
Facas	Noże
Família	Rodzina
Fome	Głód
Frango	Kurczak
Fruta	Owoc
Grelha	Grill
Jantar	Obiad
Jogos	Gry
Legumes	Warzywa
Molho	Sos
Música	Muzyka
Pimenta	Pieprz
Quente	Gorący
Sal	Sól
Saladas	Sałatki
Tomates	Pomidory
Verão	Lato

Cidade
Miasto

Aeroporto	Lotnisko
Banco	Bank
Biblioteca	Biblioteka
Cinema	Kino
Escola	Szkoła
Estádio	Stadion
Farmácia	Apteka
Florista	Kwiaciarz
Galeria	Galeria
Hotel	Hotel
Jardim Zoológico	Zoo
Livraria	Księgarnia
Mercado	Rynek
Museu	Muzeum
Padaria	Piekarnia
Restaurante	Restauracja
Salão	Salon
Supermercado	Supermarket
Teatro	Teatr
Universidade	Uniwersytet

Ciência
Nauki Ścisłe

Átomo	Atom
Cientista	Naukowiec
Clima	Klimat
Dados	Dane
Evolução	Ewolucja
Fato	Fakt
Física	Fizyka
Fóssil	Skamieniałość
Gravidade	Grawitacja
Hipótese	Hipoteza
Laboratório	Laboratorium
Método	Metoda
Minerais	Minerały
Moléculas	Cząsteczki
Natureza	Natura
Observação	Obserwacja
Organismo	Organizm
Partículas	Cząstki
Plantas	Rośliny
Químico	Chemiczny

Clima
Pogoda

Arco-Íris	Tęcza
Atmosfera	Atmosfera
Brisa	Bryza
Céu	Niebo
Clima	Klimat
Furacão	Huragan
Gelo	Lód
Monção	Monsun
Nevoeiro	Mgła
Nuvem	Chmura
Polar	Polarny
Relâmpago	Piorun
Seca	Susza
Seco	Suchy
Temperatura	Temperatura
Tempestade	Burza
Tornado	Tornado
Tropical	Tropikalny
Trovão	Grzmot
Vento	Wiatr

Comida # 2
Jedzenie # 2

Alcachofra	Karczoch
Amêndoa	Migdał
Arroz	Ryż
Banana	Banan
Beringela	Bakłażan
Brócolis	Brokuły
Cereja	Wiśnia
Chocolate	Czekolada
Cogumelo	Grzyb
Frango	Kurczak
Iogurte	Jogurt
Kiwi	Kiwi
Maçã	Jabłko
Ovo	Jajko
Peixe	Ryba
Presunto	Szynka
Queijo	Ser
Tomate	Pomidor
Trigo	Pszenica
Uva	Winogrono

Comida #1
Jedzenie # 1

Açúcar	Cukier
Alho	Czosnek
Amendoim	Arachid
Atum	Tuńczyk
Bolo	Ciasto
Canela	Cynamon
Cebola	Cebula
Cenoura	Marchewka
Cevada	Jęczmień
Damasco	Morela
Espinafre	Szpinak
Leite	Mleko
Limão	Cytryna
Manjericão	Bazylia
Morango	Truskawka
Nabo	Rzepa
Sal	Sól
Salada	Sałatka
Sopa	Zupa
Suco	Sok

Corpo Humano
Ciało Ludzkie

Boca	Usta
Cabeça	Głowa
Cérebro	Mózg
Coração	Serce
Cotovelo	Łokieć
Dedo	Palec
Joelho	Kolano
Mandíbula	Szczęka
Mão	Ręka
Nariz	Nos
Olho	Oko
Ombro	Ramię
Orelha	Ucho
Pele	Skóra
Perna	Noga
Pescoço	Szyja
Queixo	Podbródek
Sangue	Krew
Testa	Czoło
Tornozelo	Kostka

Cozinha
Kuchnia

Avental	Fartuch
Chaleira	Czajnik
Colheres	Łyżki
Comer	Jeść
Concha	Chochla
Cups	Kubki
Especiarias	Przyprawy
Esponja	Gąbka
Facas	Noże
Forno	Piekarnik
Freezer	Zamrażarka
Garfos	Widelce
Geladeira	Lodówka
Grelha	Grill
Guardanapo	Serwetka
Jar	Słoik
Jarro	Dzbanek
Pauzinhos	Pałeczki
Receita	Przepis
Tigela	Miska

Criatividade
Kreatywność

Artístico	Artystyczny
Autenticidade	Autentyczność
Clareza	Przejrzystość
Dramático	Dramatyczny
Emoções	Emocje
Espontânea	Spontaniczny
Expressão	Wyrażenie
Fluidez	Płynność
Habilidade	Umiejętność
Imagem	Obraz
Imaginação	Wyobraźnia
Impressão	Wrażenie
Inspiração	Inspiracja
Intensidade	Intensywność
Intuição	Intuicja
Inventivo	Wynalazczy
Sensação	Uczucie
Sentimentos	Uczucia
Visões	Wizje
Vitalidade	Witalność

Dança
Taniec

Academia	Akademia
Alegre	Radosny
Arte	Sztuka
Clássico	Klasyczny
Coreografia	Choreografia
Corpo	Ciało
Cultura	Kultura
Cultural	Kulturalny
Emoção	Emocja
Ensaio	Próba
Expressivo	Wyrazisty
Graça	Łaska
Movimento	Ruch
Música	Muzyka
Parceiro	Partner
Postura	Postawa
Ritmo	Rytm
Saltar	Skok
Tradicional	Tradycyjny
Visual	Wizualny

Dias e Meses
Dni i Miesiące

Abril	Kwiecień
Agosto	Sierpień
Ano	Rok
Calendário	Kalendarz
Dezembro	Grudzień
Domingo	Niedziela
Fevereiro	Luty
Janeiro	Styczeń
Julho	Lipiec
Junho	Czerwiec
Mês	Miesiąc
Novembro	Listopad
Outubro	Październik
Quinta-Feira	Czwartek
Sábado	Sobota
Segunda-Feira	Poniedziałek
Semana	Tydzień
Setembro	Wrzesień
Sexta-Feira	Piątek
Terça	Wtorek

Diplomacia
Dyplomacja

Campanhas	Kampanie
Cidadãos	Obywatele
Comunidade	Społeczność
Conflito	Konflikt
Consultor	Doradca
Cooperação	Współpraca
Diplomático	Dyplomatyczny
Discussão	Dyskusja
Embaixada	Ambasada
Embaixador	Ambasador
Estrangeiro	Zagraniczny
Ética	Etyka
Governo	Rząd
Humanitário	Humanitarny
Integridade	Uczciwość
Línguas	Języki
Política	Polityka
Resolução	Rezolucja
Solução	Rozwiązanie
Tratado	Traktat

Dirigindo
Prowadzenie Pojazdów

Acidente	Wypadek
Caminhão	Ciężarówka
Carro	Samochód
Combustível	Paliwo
Cuidado	Ostrożność
Estrada	Droga
Freios	Hamulce
Garagem	Garaż
Gás	Gaz
Licença	Licencja
Mapa	Mapa
Motocicleta	Motocykl
Motor	Silnik
Pedestre	Pieszy
Polícia	Policja
Rua	Ulica
Seguro	Ubezpieczenie
Transporte	Transport
Tráfego	Ruch Drogowy
Túnel	Tunel

Disciplinas Científicas
Dyscypliny Naukowe

Anatomia	Anatomia
Arqueologia	Archeologia
Astronomia	Astronomia
Biologia	Biologia
Bioquímica	Biochemia
Botânica	Botanika
Cinesiologia	Kinezjologia
Ecologia	Ekologia
Fisiologia	Fizjologia
Geologia	Geologia
Imunologia	Immunologia
Mecânica	Mechanika
Meteorologia	Meteorologia
Mineralogia	Mineralogia
Neurologia	Neurologia
Psicologia	Psychologia
Química	Chemia
Sociologia	Socjologia
Termodinâmica	Termodynamika
Zoologia	Zoologia

Doença
Choroby

Abdominal	Brzuszny
Alergias	Alergie
Contagioso	Zaraźliwy
Coração	Serce
Corpo	Ciało
Crônica	Chroniczny
Fraco	Słaby
Genético	Genetyczny
Hereditário	Dziedziczny
Imunidade	Odporność
Inflamação	Zapalenie
Lombar	Lędźwiowy
Neuropatia	Neuropatia
Ossos	Kości
Patógenos	Patogeny
Pulmonar	Płucny
Respiratório	Oddechowy
Saúde	Zdrowie
Síndrome	Zespół
Terapia	Terapia

Ecologia
Ekologia

Clima	Klimat
Comunidades	Społeczności
Diversidade	Różnorodność
Fauna	Fauna
Flora	Flora
Global	Światowy
Habitat	Siedlisko
Marinho	Morski
Montanhas	Góry
Natural	Naturalny
Natureza	Natura
Pântano	Bagno
Plantas	Rośliny
Recursos	Zasoby
Seca	Susza
Sobrevivência	Przetrwanie
Sustentável	Zrównoważony
Variedade	Odmiana
Vegetação	Roślinność
Voluntários	Wolontariusze

Edifícios
Budynek

Apartamento	Apartament
Cabine	Kabina
Castelo	Zamek
Celeiro	Stodoła
Cinema	Kino
Embaixada	Ambasada
Escola	Szkoła
Estádio	Stadion
Fábrica	Fabryka
Garagem	Garaż
Hospital	Szpital
Hotel	Hotel
Laboratório	Laboratorium
Museu	Muzeum
Observatório	Obserwatorium
Supermercado	Supermarket
Teatro	Teatr
Tenda	Namiot
Torre	Wieża
Universidade	Uniwersytet

Energia
Energia

Ambiente	Środowisko
Bateria	Bateria
Calor	Ciepło
Carbono	Węgiel
Combustível	Paliwo
Diesel	Diesel
Elétrico	Elektryczny
Elétron	Elektron
Entropia	Entropia
Fóton	Foton
Gasolina	Benzyna
Hidrogênio	Wodór
Indústria	Przemysł
Motor	Silnik
Nuclear	Jądrowy
Renovável	Odnawialne
Sol	Słońce
Turbina	Turbina
Vapor	Parowy
Vento	Wiatr

Engenharia
Inżynieria

Atrito	Tarcie
Ângulo	Kąt
Cálculo	Obliczeń
Construção	Budowa
Diagrama	Diagram
Diâmetro	Średnica
Diesel	Diesel
Dimensões	Wymiary
Distribuição	Dystrybucja
Eixo	Oś
Energia	Energia
Estabilidade	Stabilność
Estrutura	Struktura
Força	Siła
Líquido	Ciecz
Máquina	Maszyna
Medição	Pomiar
Motor	Silnik
Profundidade	Głębokość
Propulsão	Napęd

Especiarias
Przyprawy

Açafrão	Szafran
Alcaçuz	Lukrecja
Alho	Czosnek
Amargo	Gorzki
Anis	Anyż
Azedo	Kwaśny
Baunilha	Wanilia
Canela	Cynamon
Cardamomo	Kardamon
Caril	Curry
Cebola	Cebula
Coentro	Kolendra
Cominho	Kminek
Cravo	Goździk
Doce	Słodkie
Funcho	Koper Włoski
Gengibre	Imbir
Pimenta	Pieprz
Sabor	Smak
Sal	Sól

Esporte
Sport

Alongamento	Rozciąganie
Atleta	Atleta
Capacidade	Zdolność
Ciclismo	Kolarstwo
Corpo	Ciało
Dançando	Taniec
Dieta	Dieta
Esportes	Sporty
Força	Siła
Jogging	Jogging
Maximizar	Wyolbrzymiać
Metabólico	Metaboliczne
Músculos	Mięśnie
Nutrição	Odżywianie
Objetivo	Cel
Ossos	Kości
Programa	Program
Resistência	Wytrzymałość
Saúde	Zdrowie
Treinador	Trener

Ética
Etyka

Altruísmo	Altruizm
Benevolente	Życzliwy
Bondade	Życzliwość
Compaixão	Współczucie
Cooperação	Współpraca
Dignidade	Godność
Diplomático	Dyplomatyczny
Filosofia	Filozofia
Humanidade	Ludzkość
Individualismo	Indywidualizm
Integridade	Uczciwość
Otimismo	Optymizm
Paciência	Cierpliwość
Racionalidade	Racjonalność
Razoável	Rozsądny
Realismo	Realizm
Sabedoria	Mądrość
Tolerância	Tolerancja
Valores	Wartości

Família
Rodzina

Antepassado	Przodek
Avó	Babcia
Criança	Dziecko
Crianças	Dzieci
Esposa	Żona
Filha	Córka
Infância	Dzieciństwo
Irmã	Siostra
Irmão	Brat
Marido	Mąż
Materno	Macierzyński
Mãe	Matka
Neto	Wnuk
Pai	Ojciec
Paterno	Ojcowski
Primo	Kuzyn
Sobrinha	Siostrzenica
Sobrinho	Bratanek
Tia	Ciotka
Tio	Wujek

Fazenda #1
Gospodarstwo #1

Abelha	Pszczoła
Agricultura	Rolnictwo
Arroz	Ryż
Água	Woda
Bezerro	Cielę
Burro	Osioł
Cabra	Koza
Campo	Pole
Cavalo	Koń
Cão	Pies
Cerca	Ogrodzenie
Corvo	Wrona
Feno	Siano
Fertilizante	Nawóz
Frango	Kurczak
Gato	Kot
Mel	Miód
Porco	Świnia
Rebanho	Stado
Vaca	Krowa

Fazenda #2
Gospodarstwo #2

Agricultor	Rolnik
Animais	Zwierząt
Celeiro	Stodoła
Cevada	Jęczmień
Colmeia	Ul
Cordeiro	Jagnię
Fruta	Owoc
Irrigação	Nawadnianie
Leite	Mleko
Lhama	Lama
Maduro	Dojrzały
Milho	Kukurydza
Ovelha	Owce
Pastor	Pasterz
Pato	Kaczka
Pomar	Sad
Prado	Łąka
Trator	Ciągnik
Trigo	Pszenica
Vegetal	Warzywo

Férias #2
Wakacje # 2

Acampamento	Kemping
Aeroporto	Lotnisko
Estrangeiro	Cudzoziemiec
Feriado	Wakacje
Fotos	Zdjęcia
Hotel	Hotel
Ilha	Wyspa
Lazer	Wypoczynek
Mapa	Mapa
Mar	Morze
Montanhas	Góry
Passaporte	Paszport
Praia	Plaża
Reservas	Rezerwacje
Restaurante	Restauracja
Táxi	Taxi
Tenda	Namiot
Transporte	Transport
Viagem	Podróż
Visto	Wiza

Ficção Científica
Fantastyka Naukowa

Atómico	Atomowy
Cinema	Kino
Distopia	Dystopia
Explosão	Wybuch
Extremo	Skrajny
Fantástico	Fantastyczny
Fogo	Ogień
Futurista	Futurystyczny
Galáxia	Galaktyka
Ilusão	Iluzja
Imaginário	Wyimaginowany
Livros	Książki
Misterioso	Tajemniczy
Mundo	Świat
Oráculo	Wyrocznia
Planeta	Planeta
Realista	Realistyczny
Robôs	Roboty
Tecnologia	Technologia
Utopia	Utopia

Filantropia
Filantropia

Caridade	Dobroczynność
Comunidade	Społeczność
Contatos	Łączność
Crianças	Dzieci
Desafios	Wyzwania
Finança	Finanse
Fundos	Fundusze
Generosidade	Hojność
Global	Światowy
Grupos	Grupy
História	Historia
Honestidade	Uczciwość
Humanidade	Ludzkość
Juventude	Młodzież
Missão	Misja
Necessidade	Potrzeba
Objetivos	Cele
Pessoas	Ludzie
Programas	Programy
Público	Publiczny

Física
Fizyka

Átomo	Atom
Caos	Chaos
Densidade	Gęstość
Elétron	Elektron
Expansão	Ekspansja
Fórmula	Formuła
Frequência	Częstotliwość
Gás	Gaz
Gravidade	Grawitacja
Magnetismo	Magnetyzm
Massa	Masa
Mecânica	Mechanika
Molécula	Cząsteczka
Motor	Silnik
Nuclear	Jądrowy
Partícula	Cząstka
Químico	Chemiczny
Relatividade	Względność
Universal	Uniwersalny
Velocidade	Prędkość

Flores
Kwiaty

Buquê	Bukiet
Gardênia	Gardenia
Girassol	Słonecznik
Hibisco	Hibiskus
Jasmim	Jaśmin
Lavanda	Lawenda
Lilás	Liliowy
Lírio	Lilia
Magnólia	Magnolia
Margarida	Stokrotka
Narciso	Żonkil
Orquídea	Orchidea
Papoula	Mak
Peônia	Piwonia
Pétala	Płatek
Plumeria	Plumeria
Rosa	Róża
Trevo	Koniczyna
Tulipa	Tulipan

Força e Gravidade
Siła i Grawitacja

Atrito	Tarcie
Centro	Centrum
Descoberta	Odkrycie
Dinâmico	Dynamiczny
Distância	Odległość
Eixo	Oś
Expansão	Ekspansja
Física	Fizyka
Impacto	Wpływ
Magnetismo	Magnetyzm
Magnitude	Wielkość
Mecânica	Mechanika
Órbita	Orbita
Peso	Waga
Planetas	Planety
Pressão	Ciśnienie
Propriedades	Właściwości
Rapidez	Prędkość
Tempo	Czas
Universal	Uniwersalny

Frutas
Owoce

Abacate	Awokado
Abacaxi	Ananas
Amora	Jeżyna
Baga	Jagoda
Banana	Banan
Cereja	Wiśnia
Coco	Kokos
Damasco	Morela
Figo	Figa
Framboesa	Malina
Kiwi	Kiwi
Laranja	Pomarańczowy
Limão	Cytryna
Maçã	Jabłko
Mamão	Papaja
Manga	Mango
Nectarina	Nektaryna
Pera	Gruszka
Pêssego	Brzoskwinia
Uva	Winogrono

Geografia
Geografia

Altitude	Wysokość
Atlas	Atlas
Cidade	Miasto
Continente	Kontynent
Equador	Równik
Hemisfério	Półkula
Ilha	Wyspa
Mapa	Mapa
Mar	Morze
Meridiano	Południk
Montanha	Góra
Mundo	Świat
Norte	Północ
Oceano	Ocean
Oeste	Zachód
País	Kraj
Região	Region
Rio	Rzeka
Sul	Południe
Território	Terytorium

Geologia
Geologia

Ácido	Kwas
Camada	Warstwa
Caverna	Grota
Cálcio	Wapń
Ciclos	Cykle
Continente	Kontynent
Coral	Koral
Cristais	Kryształy
Erosão	Erozja
Estalactite	Stalaktyt
Estalagmites	Stalagmity
Fóssil	Skamieniałość
Lava	Lawa
Minerais	Minerały
Pedra	Kamień
Platô	Płaskowyż
Quartzo	Kwarc
Sal	Sól
Vulcão	Wulkan
Zona	Strefa

Geometria
Geometria

Altura	Wysokość
Ângulo	Kąt
Cálculo	Obliczeń
Círculo	Koło
Curva	Krzywa
Diâmetro	Średnica
Dimensão	Wymiar
Equação	Równanie
Horizontal	Poziomy
Lógica	Logika
Massa	Masa
Mediana	Mediana
Paralelo	Równoległy
Proporção	Proporcja
Segmento	Człon
Simetria	Symetria
Superfície	Powierzchnia
Teoria	Teoria
Triângulo	Trójkąt
Vertical	Pionowy

Governo
Rząd

Cidadania	Obywatelstwo
Civil	Cywilny
Constituição	Konstytucja
Democracia	Demokracja
Discurso	Mowa
Discussão	Dyskusja
Distrito	Dzielnica
Estado	Stan
Igualdade	Równość
Independência	Niezależność
Judicial	Sądowy
Lei	Prawo
Liberdade	Wolność
Líder	Lider
Monumento	Pomnik
Nacional	Krajowe
Nação	Naród
Pacífico	Spokojna
Política	Polityka
Símbolo	Symbol

Herbalismo
Zielarstwo

Açafrão	Szafran
Alecrim	Rozmaryn
Alho	Czosnek
Aromático	Aromatyczny
Benéfico	Korzystny
Coentro	Kolendra
Estragão	Estragon
Flor	Kwiat
Funcho	Koper Włoski
Ingrediente	Składnik
Jardim	Ogród
Lavanda	Lawenda
Manjericão	Bazylia
Manjerona	Majeranek
Planta	Roślina
Qualidade	Jakość
Sabor	Smak
Salsa	Pietruszka
Tomilho	Tymianek
Verde	Zielony

Imigração
Imigracja

Administração	Administracja
Adultos	Dorośli
Ajuda	Pomoc
Aprovação	Aprobata
Comunicação	Komunikacja
Crianças	Dzieci
Documentos	Dokumenty
Estresse	Stres
Financiamento	Finansowanie
Fronteiras	Granice
Lei	Prawo
Língua	Język
Negociação	Negocjacja
Oficial	Oficer
Prazo	Termin
Processo	Proces
Proteção	Ochrona
Situação	Sytuacja
Solução	Rozwiązanie

Instrumentos Musicais
Instrumenty Muzyczne

Bandolim	Mandolina
Banjo	Banjo
Clarinete	Klarnet
Fagote	Fagot
Flauta	Flet
Gaita	Harmonijka
Gongo	Gong
Harpa	Harfa
Marimba	Marimba
Oboé	Obój
Pandeiro	Tamburyn
Percussão	Perkusja
Piano	Pianino
Saxofone	Saksofon
Tambor	Bęben
Trombone	Puzon
Trompete	Trąbka
Violão	Gitara
Violino	Skrzypce
Violoncelo	Wiolonczela

Jardim
Ogród

Ancinho	Grabie
Arbusto	Krzak
Árvore	Drzewo
Banco	Ławka
Cerca	Ogrodzenie
Flor	Kwiat
Garagem	Garaż
Grama	Trawa
Gramado	Trawnik
Jardim	Ogród
Lagoa	Staw
Maca	Hamak
Mangueira	Wąż
Pá	Łopata
Pomar	Sad
Solo	Gleba
Terraço	Taras
Trampolim	Trampolina
Varanda	Ganek
Videira	Winorośl

Jardinagem
Prace Ogrodowe

Água	Woda
Botânico	Botaniczny
Buquê	Bukiet
Clima	Klimat
Comestível	Jadalny
Composto	Kompost
Espécies	Gatunek
Exótico	Egzotyczny
Flor	Kwitnąć
Floral	Kwiatowy
Folha	Liść
Folhagem	Liści
Mangueira	Wąż
Pomar	Sad
Recipiente	Pojemnik
Sazonal	Sezonowy
Sementes	Nasiona
Solo	Gleba
Sujeira	Brud
Umidade	Wilgoć

Jazz
Jazz

Artista	Artysta
Álbum	Album
Bateria	Bębny
Canção	Piosenka
Composição	Kompozycja
Compositor	Kompozytor
Concerto	Koncert
Estilo	Styl
Ênfase	Nacisk
Famoso	Sławny
Favoritos	Ulubione
Gênero	Gatunek
Improvisação	Improwizacja
Música	Muzyka
Novo	Nowy
Orquestra	Orkiestra
Ritmo	Rytm
Talento	Talent
Técnica	Technika
Velho	Stary

Literatura
Literatura

Analogia	Analogia
Análise	Analiza
Anedota	Anegdota
Autor	Autor
Biografia	Biografia
Comparação	Porównanie
Conclusão	Wniosek
Descrição	Opis
Diálogo	Dialog
Estilo	Styl
Ficção	Fikcja
Metáfora	Metafora
Narrador	Narrator
Opinião	Opinia
Poema	Wiersz
Rima	Rym
Ritmo	Rytm
Romance	Powieść
Tema	Temat
Tragédia	Tragedia

Livros
Książki

Autor	Autor
Aventura	Przygoda
Coleção	Kolekcja
Contexto	Kontekst
Dualidade	Dualizm
Escrito	Pisemny
Épico	Epicki
História	Historia
Histórico	Historyczny
Inventivo	Wynalazczy
Leitor	Czytelnik
Literário	Literacki
Narrador	Narrator
Página	Strona
Poema	Wiersz
Poesia	Poezja
Relevante	Istotne
Romance	Powieść
Série	Seria
Trágico	Tragiczny

Mamíferos
Ssaki

Baleia	Wieloryb
Camelo	Wielbłąd
Canguru	Kangur
Castor	Bóbr
Cavalo	Koń
Cão	Pies
Coelho	Królik
Coiote	Kojot
Elefante	Słoń
Gato	Kot
Girafa	Żyrafa
Golfinho	Delfin
Gorila	Goryl
Leão	Lew
Lobo	Wilk
Macaco	Małpa
Ovelha	Owce
Raposa	Lis
Touro	Byk
Zebra	Zebra

Matemática
Matematyka

Aritmética	Arytmetyka
Ângulos	Kąty
Circunferência	Obwód
Decimal	Dziesiętny
Diâmetro	Średnica
Equação	Równanie
Expoente	Wykładnik
Fração	Frakcja
Geometria	Geometria
Paralelo	Równoległy
Paralelogramo	Równoległobok
Perpendicular	Prostopadły
Polígono	Wielokąt
Quadrado	Kwadrat
Raio	Promień
Retângulo	Prostokąt
Simetria	Symetria
Soma	Suma
Triângulo	Trójkąt
Volume	Objętość

Material de Arte
Materiały Artystyczne

Acrílico	Akryl
Apagador	Gumka
Aquarelas	Akwarele
Argila	Glina
Água	Woda
Cadeira	Krzesło
Cavalete	Sztaluga
Câmera	Kamera
Cola	Klej
Cores	Kolory
Criatividade	Kreatywność
Escovas	Pędzle
Lápis	Ołówki
Mesa	Stół
Óleo	Olej
Papel	Papier
Pastels	Pastele
Tinta	Atrament
Tintas	Farby

Medições
Pomiary

Altura	Wysokość
Byte	Bajt
Centímetro	Centymetr
Comprimento	Długość
Decimal	Dziesiętny
Grama	Gram
Grau	Stopień
Largura	Szerokość
Litro	Litr
Massa	Masa
Metro	Metr
Minuto	Minuta
Onça	Uncja
Peso	Waga
Polegada	Cal
Profundidade	Głębokość
Quilograma	Kilogram
Quilômetro	Kilometr
Tonelada	Tona
Volume	Objętość

Meditação
Medytacja

Aceitação	Przyjęcie
Acordado	Obudzić
Atenção	Uwaga
Bondade	Życzliwość
Clareza	Przejrzystość
Compaixão	Współczucie
Emoções	Emocje
Ensinamentos	Nauki
Gratidão	Wdzięczność
Mental	Psychiczny
Mente	Umysł
Movimento	Ruch
Música	Muzyka
Natureza	Natura
Observação	Obserwacja
Paz	Pokój
Pensamentos	Myśli
Perspectiva	Perspektywa
Postura	Postawa
Silêncio	Cisza

Mitologia
Mitologia

Arquétipo	Archetyp
Ciúmes	Zazdrość
Comportamento	Zachowanie
Crenças	Wierzenia
Criação	Kreacja
Criatura	Stworzenie
Cultura	Kultura
Desastre	Katastrofa
Força	Siła
Guerreiro	Wojownik
Heroína	Bohaterka
Herói	Bohater
Labirinto	Labirynt
Lenda	Legenda
Mágico	Magiczny
Monstro	Potwór
Mortal	Śmiertelny
Relâmpago	Piorun
Trovão	Grzmot
Vingança	Zemsta

Moda
Moda

Acessível	Niedrogie
Bordado	Haft
Botões	Przyciski
Boutique	Butik
Caro	Drogi
Confortável	Wygodny
Elegante	Elegancki
Estilo	Styl
Medidas	Pomiary
Moderno	Nowoczesny
Modesto	Skromny
Original	Oryginał
Prático	Praktyczny
Renda	Koronki
Roupa	Odzież
Simples	Prosty
Tecido	Tkanina
Tendência	Tendencja
Textura	Tekstura

Música
Muzyka

Álbum	Album
Balada	Ballada
Cantar	Śpiewać
Cantor	Piosenkarz
Clássico	Klasyczny
Coro	Chór
Gravação	Nagranie
Harmonia	Harmonia
Improvisar	Improwizować
Instrumento	Instrument
Lírico	Liryczny
Melodia	Melodia
Microfone	Mikrofon
Musical	Musical
Músico	Muzyk
Ópera	Opera
Poético	Poetycki
Ritmo	Rytm
Tempo	Tempo
Vocal	Wokal

Natureza
Przyroda

Abelhas	Pszczoły
Abrigo	Schronienie
Animais	Zwierząt
Ártico	Arktyczny
Beleza	Piękno
Deserto	Pustynia
Dinâmico	Dynamiczny
Erosão	Erozja
Floresta	Las
Folhagem	Liści
Geleira	Lodowiec
Nevoeiro	Mgła
Nuvens	Chmury
Pacífico	Spokojna
Rio	Rzeka
Santuário	Sanktuarium
Selvagem	Dziki
Sereno	Spokojny
Tropical	Tropikalny
Vital	Istotne

Negócios
Biznes

Carreira	Kariera
Custo	Koszt
Desconto	Rabat
Dinheiro	Pieniądze
Economia	Ekonomia
Empregado	Pracownik
Empregador	Pracodawca
Empresa	Firma
Escritório	Biuro
Fábrica	Fabryka
Finança	Finanse
Impostos	Podatki
Investimento	Inwestycja
Loja	Sklep
Lucro	Zysk
Mercadoria	Towar
Moeda	Waluta
Orçamento	Budżet
Rendimento	Dochód
Venda	Sprzedaż

Nutrição
Odżywianie

Amargo	Gorzki
Apetite	Apetyt
Calorias	Kalorie
Carboidratos	Węglowodany
Comestível	Jadalny
Dieta	Dieta
Digestão	Trawienie
Equilibrado	Zrównoważony
Fermentação	Fermentacja
Ingredientes	Składniki
Líquidos	Płyny
Molho	Sos
Peso	Waga
Proteínas	Białka
Qualidade	Jakość
Sabor	Smak
Saudável	Zdrowy
Saúde	Zdrowie
Toxina	Toksyna
Vitamina	Witamina

Números
Liczby

Cinco	Pięć
Decimal	Dziesiętny
Dez	Dziesięć
Dezesseis	Szesnaście
Dezessete	Siedemnaście
Dezoito	Osiemnaście
Dois	Dwa
Doze	Dwanaście
Nove	Dziewięć
Oito	Osiem
Quatorze	Czternaście
Quatro	Cztery
Quinze	Piętnaście
Seis	Sześć
Sete	Siedem
Treze	Trzynaście
Três	Trzy
Um	Jeden
Vinte	Dwadzieścia
Zero	Zero

Oceano
Ocean

Atum	Tuńczyk
Baleia	Wieloryb
Barco	Łódź
Camarão	Krewetka
Caranguejo	Krab
Coral	Koral
Enguia	Węgorz
Esponja	Gąbka
Golfinho	Delfin
Marés	Pływy
Medusa	Meduza
Ondas	Fale
Ostra	Ostryga
Peixe	Ryba
Polvo	Ośmiornica
Recife	Rafa
Sal	Sól
Tartaruga	Żółw
Tempestade	Burza
Tubarão	Rekin

Paisagens
Krajobrazy

Cascata	Wodospad
Caverna	Jaskinia
Colina	Wzgórze
Deserto	Pustynia
Geleira	Lodowiec
Golfo	Zatoka
Iceberg	Góra Lodowa
Ilha	Wyspa
Lago	Jezioro
Mar	Morze
Montanha	Góra
Oásis	Oaza
Oceano	Ocean
Pântano	Bagno
Península	Półwysep
Praia	Plaża
Rio	Rzeka
Tundra	Tundra
Vale	Dolina
Vulcão	Wulkan

Países #1
Kraje # 1

Alemanha	Niemcy
Brasil	Brazylia
Camboja	Kambodża
Canadá	Kanada
Egito	Egipt
Equador	Ekwador
Espanha	Hiszpania
Finlândia	Finlandia
Iraque	Irak
Israel	Izrael
Itália	Włochy
Índia	Indie
Mali	Mali
Marrocos	Maroko
Nicarágua	Nikaragua
Noruega	Norwegia
Panamá	Panama
Polônia	Polska
Senegal	Senegal
Venezuela	Wenezuela

Países #2
Kraje # 2

Albânia	Albania
Dinamarca	Dania
França	Francja
Grécia	Grecja
Haiti	Haiti
Indonésia	Indonezja
Irlanda	Irlandia
Jamaica	Jamajka
Japão	Japonia
Laos	Laos
Líbano	Liban
México	Meksyk
Nepal	Nepal
Nigéria	Nigeria
Paquistão	Pakistan
Rússia	Rosja
Síria	Syria
Somália	Somalia
Ucrânia	Ukraina
Uganda	Uganda

Pássaros
Ptaki

Avestruz	Struś
Águia	Orzeł
Cegonha	Bocian
Cisne	Łabędź
Corvo	Wrona
Cuco	Kukułka
Flamingo	Flaming
Frango	Kurczak
Gaivota	Mewa
Ganso	Gęś
Garça	Czapla
Ovo	Jajko
Papagaio	Papuga
Pardal	Wróbel
Pato	Kaczka
Pavão	Paw
Pelicano	Pelikan
Pinguim	Pingwin
Pombo	Gołąb
Tucano	Tukan

Plantas
Rośliny

Arbusto	Krzak
Árvore	Drzewo
Baga	Jagoda
Bambu	Bambus
Botânica	Botanika
Cacto	Kaktus
Erva	Zioło
Feijão	Fasola
Fertilizante	Nawóz
Flor	Kwiat
Flora	Flora
Floresta	Las
Folhagem	Liści
Grama	Trawa
Hera	Bluszcz
Jardim	Ogród
Musgo	Mech
Pétala	Płatek
Raiz	Źródło
Vegetação	Roślinność

Profissões #1
Zawody # 1

Advogado	Adwokat
Alfaiate	Krawiec
Artista	Artysta
Astrônomo	Astronom
Banqueiro	Bankier
Bombeiro	Strażak
Caçador	Myśliwy
Cartógrafo	Kartograf
Cientista	Naukowiec
Dançarino	Tancerz
Editor	Redaktor
Embaixador	Ambasador
Encanador	Hydraulik
Enfermeira	Pielęgniarka
Geólogo	Geolog
Joalheiro	Jubiler
Marinheiro	Marynarz
Músico	Muzyk
Pianista	Pianista
Psicólogo	Psycholog

Profissões #2
Zawody # 2

Agricultor	Rolnik
Astronauta	Astronauta
Bibliotecário	Bibliotekarz
Biólogo	Biolog
Cirurgião	Chirurg
Dentista	Dentysta
Engenheiro	Inżynier
Filósofo	Filozof
Fotógrafo	Fotograf
Ilustrador	Ilustrator
Inventor	Wynalazca
Investigador	Badacz
Jardineiro	Ogrodnik
Jornalista	Dziennikarz
Linguista	Językoznawca
Médico	Lekarz
Piloto	Pilot
Pintor	Malarz
Professor	Nauczyciel
Zoólogo	Zoolog

Psicologia
Psychologia

Avaliação	Ocena
Clínico	Kliniczny
Comportamento	Zachowanie
Compromisso	Spotkanie
Conflito	Konflikt
Ego	Ego
Emoções	Emocje
Experiências	Doświadczenia
Inconsciente	Nieprzytomny
Infância	Dzieciństwo
Influências	Wpływy
Pensamentos	Myśli
Percepção	Postrzeganie
Personalidade	Osobowość
Problema	Problem
Realidade	Rzeczywistość
Sensação	Uczucie
Sonhos	Marzenia
Subconsciente	Podświadomy
Terapia	Terapia

Química
Chemia

Alcalino	Alkaliczny
Ácido	Kwas
Calor	Ciepło
Carbono	Węgiel
Catalisador	Katalizator
Cloro	Chlor
Elementos	Elementy
Elétron	Elektron
Enzima	Enzym
Gás	Gaz
Hidrogênio	Wodór
Íon	Jon
Líquido	Ciecz
Molécula	Cząsteczka
Nuclear	Jądrowy
Orgânico	Organiczny
Oxigénio	Tlen
Peso	Waga
Sal	Sól
Temperatura	Temperatura

Restaurante # 2
Restauracja # 2

Aperitivo	Przystawka
Água	Woda
Bebida	Napój
Bolo	Ciasto
Cadeira	Krzesło
Colher	Łyżka
Delicioso	Pyszny
Especiarias	Przyprawy
Fruta	Owoc
Garçom	Kelner
Garfo	Widelec
Gelo	Lód
Jantar	Obiad
Legumes	Warzywa
Macarrão	Makaron
Ovo	Jaja
Peixe	Ryba
Sal	Sól
Salada	Sałatka
Sopa	Zupa

Restaurante #1
Restauracja # 1

Alergia	Alergia
Café	Kawa
Caixa	Kasjer
Carne	Mięso
Comer	Jeść
Cozinha	Kuchnia
Faca	Nóż
Frango	Kurczak
Garçonete	Kelnerka
Guardanapo	Serwetka
Ingredientes	Składniki
Menu	Menu
Molho	Sos
Pão	Chleb
Picante	Pikantny
Placa	Talerz
Reserva	Rezerwacja
Sobremesa	Deser
Tigela	Miska

Roupas
Ubrania

Avental	Fartuch
Blusa	Bluza
Calça	Spodnie
Camisa	Koszula
Casaco	Płaszcz
Chapéu	Kapelusz
Cinto	Pas
Colar	Naszyjnik
Jaqueta	Kurtka
Jeans	Dżinsy
Luvas	Rękawiczki
Meias	Skarpety
Moda	Moda
Pijama	Piżama
Pulseira	Bransoletka
Saia	Spódnica
Sandálias	Sandały
Sapato	But
Suéter	Sweter
Vestido	Sukienka

Saúde e Bem-Estar #1
Zdrowie i Wellness # 1

Altura	Wysokość
Ativo	Aktywny
Bactérias	Bakteria
Clínica	Klinika
Doutor	Lekarz
Farmácia	Apteka
Fome	Głód
Fratura	Złamanie
Hábito	Nawyk
Hormones	Hormony
Medicina	Medycyna
Nervos	Nerwy
Ossos	Kości
Pele	Skóra
Postura	Postawa
Reflexo	Odruch
Relaxamento	Relaks
Terapia	Terapia
Tratamento	Leczenie
Vírus	Wirus

Saúde e Bem-Estar #2
Zdrowie i Wellness # 2

Alergia	Alergia
Anatomia	Anatomia
Apetite	Apetyt
Caloria	Kaloria
Corpo	Ciało
Desidratação	Odwodnienie
Dieta	Dieta
Digestão	Trawienie
Doença	Choroba
Energia	Energia
Genética	Genetyka
Higiene	Higiena
Hospital	Szpital
Humor	Nastrój
Infecção	Infekcja
Massagem	Masaż
Peso	Waga
Sangue	Krew
Saudável	Zdrowy
Vitamina	Witamina

Tempo
Czas

Agora	Teraz
Ano	Rok
Antes	Przed
Anual	Roczne
Calendário	Kalendarz
Década	Dekada
Dia	Dzień
Futuro	Przyszłość
Hoje	Dzisiaj
Hora	Godzina
Manhã	Rano
Meio-Dia	Południe
Mês	Miesiąc
Minuto	Minuta
Momento	Moment
Noite	Noc
Ontem	Wczoraj
Relógio	Zegar
Semana	Tydzień
Século	Stulecie

Tipos de Cabelo
Rodzaje Włosów

Branco	Biały
Brilhante	Błyszczący
Cachos	Loki
Careca	Łysy
Cinza	Szary
Colori	Kolorowe
Encaracolado	Kręcone
Fino	Cienki
Grosso	Gruby
Loiro	Blond
Longo	Długie
Marrom	Brązowy
Ondulado	Falisty
Prata	Srebro
Preto	Czarny
Saudável	Zdrowy
Seco	Suchy
Suave	Miękki
Trançado	Pleciony
Tranças	Warkocze

Universo
Wszechświat

Asteróide	Asteroida
Astronomia	Astronomia
Astrônomo	Astronom
Atmosfera	Atmosfera
Celestial	Niebiański
Céu	Niebo
Cósmico	Kosmiczny
Eon	Eon
Equador	Równik
Galáxia	Galaktyka
Hemisfério	Półkula
Horizonte	Horyzont
Lua	Księżyc
Órbita	Orbita
Solar	Słoneczny
Solstício	Przesilenie
Telescópio	Teleskop
Trevas	Ciemność
Visível	Widoczny
Zodíaco	Zodiak

Vegetais
Warzywa

Abóbora	Dynia
Aipo	Seler
Alcachofra	Karczoch
Alho	Czosnek
Batata	Ziemniak
Beringela	Bakłażan
Brócolis	Brokuły
Cebola	Cebula
Cenoura	Marchewka
Chalota	Szalotka
Cogumelo	Grzyb
Ervilha	Groch
Espinafre	Szpinak
Gengibre	Imbir
Nabo	Rzepa
Pepino	Ogórek
Rabanete	Rzodkiewka
Salada	Sałatka
Salsa	Pietruszka
Tomate	Pomidor

Veículos
Pojazdy

Ambulância	Ambulans
Avião	Samolot
Balsa	Prom
Barco	Łódź
Bicicleta	Rower
Caminhão	Ciężarówka
Caravana	Karawana
Carro	Samochód
Foguete	Rakieta
Furgão	Van
Helicóptero	Śmigłowiec
Jangada	Tratwa
Lambreta	Skuter
Metrô	Metro
Motor	Silnik
Ônibus	Autobus
Pneus	Opony
Submarino	Łódź Podwodna
Táxi	Taxi
Trator	Ciągnik

Parabéns

Conseguiu!

Esperamos que tenha gostado tanto deste livro como nós gostamos de o desenhar. Esforçamo-nos por criar livros da mais alta qualidade possível.
Esta edição foi concebida para proporcionar uma aprendizagem inteligente, de qualidade e divertida!

Gostou deste livro?

Um simples pedido

Estes livros existem graças às críticas que publica.
Pode ajudar-nos, deixando agora uma revisão?

Aqui está um pequeno link para
a sua página de revisão:

BestBooksActivity.com/Avaliacoes50

DESAFIO FINAL!

Desafio n° 1

Está pronto para o seu jogo grátis? Usamo-los a toda a hora, mas não são tão fáceis de encontrar - aqui estão os **Sinônimos!**
Escreva 5 palavras que encontrou nos puzzles (n° 21, n° 36, n° 76) e tente encontrar 2 sinónimos para cada palavra.

Escreva 5 palavras de *Puzzle 21*

Palavras	Sinônimo 1	Sinônimo 2

Escreva 5 palavras de *Puzzle 36*

Palavras	Sinônimo 1	Sinônimo 2

Escreva 5 palavras de *Puzzle 76*

Palavras	Sinônimo 1	Sinônimo 2

Desafio n° 2

Agora que já aqueceu, escreva 5 palavras que encontrou nos Puzzles (n° 9, n° 17 e n° 25) e tente encontrar 2 antônimos para cada palavra. Quantos se podem encontrar em 20 minutos?

Escreva 5 palavras de **Puzzle 9**

Palavras	Antônimo 1	Antônimo 2

Escreva 5 palavras de **Puzzle 17**

Palavras	Antônimo 1	Antônimo 2

Escreva 5 palavras de **Puzzle 25**

Palavras	Antônimo 1	Antônimo 2

Desafio n° 3

Óptimo! Este desafio final não é nada para si.

Pronto para o desafio final? Escolha 10 palavras que tenha descoberto nos diferentes puzzles e escreva-as abaixo.

1.	6.
2.	7.
3.	8.
4.	9.
5.	10.

Agora escreva um texto a pensar numa pessoa, num animal ou num lugar de seu agrado.

Pode utilizar a última página deste livro como um rascunho.

A Sua Composição:

CADERNO DE NOTAS:

ATÉ BREVE!

A equipa Inteira

DESCUBRA JOGOS GRATUITOS

GO

↓

BESTACTIVITYBOOKS.COM/FREEGAMES